特別支援に使える！ 教室でできる！

SSTあそび
ソーシャルスキルトレーニング

101

三好

学陽書房

はじめに

　ソーシャルスキルとは、「社会の中で人と関わるときに必要な技能」を意味しています。人と関わるとき、私たちは相手に共感を示したり、相手の気持ちを察したりして行動しています。当たり前のことのように思えますが、私たちは、無意識のうちにソーシャルスキルを使いこなしながら生活しています。

　とはいえ、私たちは、生まれもった能力としてソーシャルスキルを身につけているわけではありません。人との関わりの中で教わったり、観察したりすることを通して、少しずつ身につけていきます。

　しかし、発達障害などの困難をもつ子どもたちには、なかなか年齢相応のソーシャルスキルが身につかないことがあります。家庭や学校、地域社会でも、うまく自己表現できないことがあるのです。

　そうした子どもたちを対象にして、学校現場でソーシャルスキルを身につけるための指導を行います。これが、ソーシャルスキルトレーニング（SST）です。
　本書では、日常の経験だけではソーシャルスキルを身につけにくい子どもを対象として、効果的なアクティビティを収集しました。アクティビティは、子どもの課題と併せて掲載しています。子どもの課題と段階を考慮した上で選択し、教室で実施してみましょう。

　「人との関わり方が分かった！」
　「自分のことが理解できた！」
　「友だちとあそぶって、楽しい！」

　人との関わり方が分かるようになれば、子どもたちの生活が変わります。その先の人生にも、きっと役立つものになります。よりよい指導を目指して、SST の取り組みを始めてみましょう。

c o n t e n t s

はじめに ………………………………………… 3

Introduction
指導にあたって

Point 1　SSTとは？ ……………………………… 10
Point 2　なぜ、SSTが必要か？ ………………… 11
Point 3　SSTの心得 ……………………………… 13
Point 4　SSTの設定 ……………………………… 14
Point 5　４種類のSST …………………………… 16

Chapter 1
イラストから考えるモデリングあそび

言葉で伝える あそび	**1**	何歳ですか？ …………………………… 18
	2	大丈夫？ ………………………………… 20
	3	よい会話と悪い会話 …………………… 22
言葉で選ぶあそび	**4**	挨拶の使い分け ………………………… 24
	5	初対面の挨拶 …………………………… 26
	6	本音隠し ………………………………… 28
自分の感情を出す あそび	**7**	喜びの表現 ……………………………… 30
	8	叱られたときの表情 …………………… 32
友だちの感情に 気付くあそび	**9**	表情に注目 ……………………………… 34
謝るあそび	**10**	謝る練習　先生編 ……………………… 36
	11	謝る練習　友だち編 …………………… 38
友だちを大事にする あそび	**12**	失礼な指摘 ……………………………… 40
	13	お前のせいで …………………………… 42
ルールやマナーを 守るあそび	**14**	家に上がっていいの？ ………………… 44
	15	マナー間違い探し ……………………… 46
	16	順番抜かし ……………………………… 48

生活を整える あそび	**17**	待ち合わせの遅刻	50
	18	後ろをグルリ	52
授業態度を考える あそび	**19**	授業中の砂いじり	54
	20	つられない勝負	56
	COLUMN 1	パペットの有効活用	58

Chapter 2

パペットを用いるロールプレイあそび

会話するあそび	**21**	友だちとの会話	60
	22	話が変わるんだけど	61
感情を読むあそび	**23**	寒いよ	62
	24	どうして叱られているの？	63
友だちと関わる あそび	**25**	痛いよ	64
	26	今回はいいけど	65
	27	うるさい！	66
言い方を考える あそび	**28**	お菓子食べようよ！	67
	29	マンガを貸して	68
	30	私にも見せて	69
	31	からかうことの問題点	70
	32	友だちからものを借りる	71
自己主張するあそび	**33**	いじめへの反撃	72
	34	知らない人からの声かけ	73
授業中の言葉を 考えるあそび	**35**	トイレに行きます	74
	36	分かりません	75
	37	僕を当てて	76
休み時間の言葉を 考えるあそび	**38**	あそびに混ぜて	77
	39	や〜めた！	78
段取りを考える あそび	**40**	掃除の段取り	79
	COLUMN 2	感情想像クイズ	80

Chapter 3
ソーシャルスキルを学ぶゲームあそび

目線を合わせる あそび	**41**	こっち向いてハイ	82
	42	先生が見ているものは？	83
本当の意味を 想像するあそび	**43**	感情想像クイズ	84
	44	冗談クイズ	85
	45	ジェスチャークイズ	86
	46	感情当てっこ	87
自己コントロール するあそび	**47**	袋に捨てよう	88
	48	呼吸くらべ	89
会話するあそび	**49**	お手玉会話	90
	50	相槌手拍子	91
	51	いいね〜！	92
人と コミュニケーション をとるあそび	**52**	パーソナルスペース	93
	53	みんなでお絵かき	94
礼儀やマナーを 身につけるあそび	**54**	ありがとう勝負	95
	55	タイマーガマン	96
こだわりを緩和する あそび	**56**	中断ゲーム	97
	57	交換ゲーム	98
	58	怒らないゲーム	99
自己主張するあそび	**59**	やめて！	100
	60	返して！	101
	COLUMN 3	冗談クイズ	102

Chapter 4

ソーシャルスキルを活用するゲームあそび

教師の指示を よく聞くあそび	**61**	旗揚げゲーム ………………………………… 104
	62	紙芝居ダウト …………………………………… 105
	63	後出しジャンケン ……………………………… 106
	64	３つの中から考えよう！ ……………………… 107
	65	よく聞くクイズ ………………………………… 108
名前を呼ぶあそび	**66**	ネームコール …………………………………… 109
	67	風船バレー ……………………………………… 110
	68	誰のタッチ ……………………………………… 111
会話を楽しむあそび	**69**	カードトーク …………………………………… 112
	70	インタビュー …………………………………… 113
コミュニケーション をとりながら楽しむ あそび	**71**	仲間見つけ ……………………………………… 114
	72	３ヒントクイズ ………………………………… 115
	73	透明キャッチボール …………………………… 116
	74	かりもの競争 …………………………………… 117
	75	言葉探しゲーム ………………………………… 118
ルールを守って 楽しむあそび	**76**	なんでもバスケット …………………………… 119
	77	Ｓケン …………………………………………… 120
	78	だるまさんが転んだ …………………………… 121
こだわりを緩和して 楽しむあそび	**79**	何度でも椅子取りゲーム ……………………… 122
	80	何度も爆発！　爆弾ゲーム …………………… 123

COLUMN 4　ジェスチャークイズ …………………………… 124

Chapter 5
自己理解や他者理解を促すワークシートあそび

自分の感情に気付く あそび	**81**	怒りの温度計	126
	82	切りかえインタビュー	128
	83	私の気持ち	130
生き方を考えるあそび	**84**	人生曲線	132
自尊感情を高める あそび	**85**	私の自慢帳	134
	86	ビフォーアフター	136
自分自身について 考えるあそび	**87**	なんでもランキング	138
	88	自分キャラクター	140
	89	苦手リストと得意リスト	142
人との コミュニケーション を考えるあそび	**90**	挨拶コレクション　出会ったとき編	144
	91	挨拶コレクション　別れるとき編	146
	92	声のものさし	148
	93	感情の似顔絵	150
段取りを考えるあそび	**94**	スピードスター	152
	95	やること整理	154
意思表示する あそび	**96**	ヘルプカード	156
	97	クールダウンカード	158
他者との関係を考える あそび	**98**	プライバシー・サークル	160
	99	ほめ言葉の木	162
対話を楽しむあそび	**100**	ほめられ会話	164
	101	SSTすごろく	166

参考文献 168
おわりに 169

Introduction

指導にあたって

SSTあそびを始める前に、
SSTの基本的な考え方を学びましょう。
SSTの目的、心得、設定方法、種類について
1つずつ解説していきます。

Point 1
SST とは？

　人との関わり方には、これといって決まりがあるわけではありません。相手や状況に合わせて随時使い分けていく必要があります。もしも使い分けがうまくいかなければ、相手と衝突することにもなりかねません。

　このようなソーシャルスキルは、トレーニングによって向上させることが可能です。ソーシャルスキルを学ぶことで、対人関係がスムーズになりやすくなり、人と心地よく関われるようになります。

　特に、次のような認知特性や行動特性のある子どもたちには、本書で紹介する SST が有効であると考えられます。

　また、特別に困りを感じていない子どもも、SST に取り組むことで、人とのコミュニケーションをよりよく改善できるでしょう。

- ・自分の意思を表明するのが難しい
- ・言い回しなどの正しい意味が理解できない
- ・聞きとりが悪く、情報が正確に頭に入らない
- ・人に迷惑をかけられても苦情を言うことができない
- ・自分の正当性を押しつけてトラブルへ発展させる
- ・場の空気を読むのが苦手
- ・いやなことがあると、すぐにキレたり非難したりする
- ・挨拶やお礼が言えない
- ・人の話に集中できない
- ・あそびのルールが理解できない
- ・授業中に勝手に離席する
- ・負けると活動を投げ出してしまう
- ・集中できる時間が短い
- ・刺激があると、注意がそれてしまう
- ・問いかけられても返事ができない

Point 2
なぜ、SST が必要か？

　本来であれば、ほとんどの子どもは、わざわざトレーニングしたり、言葉で伝えたりしなくても、人との関わり方を身につけていきます。まわりの人の行動を見て、社会で生活するために必要な行動の仕方を、知らず知らずのうちに身につけていくのです。

　子どもは、幼いうちは保護者からソーシャルスキルを学びとります。年齢を重ねるにつれて、関わる人が増えていきます。友だち、教師、習いごとのコーチなど、身近な人へと関わりを広げて、他者のまねをしながら、人との関わり方を学んでいきます。

　例えば、次のような学び方があります。

- ・友だちが笑顔で行動しているのを見て「いいな」と感じて、自分も相手から気に入られたいときには笑顔になる
- ・ほかの人が叱られているのを見て、自分も叱られた原因となる行動と同じことはしなくなる
- ・ほかの人がほめられているのを見て、自分もほめられた原因となる行動と同じことをしようとする
- ・まわりの人が静かなときは、自分も同じように静かにしている
- ・ほかの人がワガママなふるまいをして笑われているのを見て、ワガママなことを言わなくなる

　多くの子どもは、このように、観察を通して、社会での行動の仕方を学びとっているのです。

　特に、発達障害がある子どもなどは、ソーシャルスキルが身についていないことがあります。学習を阻害するような注意力・集中力の問題や、認知能力の偏りがある場合には、学びのある場面に出合っても気付くことがなく、学び損ねることになってしまうのです。

　そして、ソーシャルスキルは、友だちが多ければ多いほど、発達の機会に恵まれます。ソーシャルスキルを身につけている子どもは、友だちが増えていき、スキルに磨きをかけることになります。

Introduction　指導にあたって　　11

一方で、友だちが少ない子どもほど、ソーシャルスキルを学ぶ機会が少なくなります。友だちが少ないと、ソーシャルスキルを身につける場面が少なくなり、新しい友だちができず、友だちができたとしても、友だち関係を維持することが難しくなります。結果として、ソーシャルスキルを身につけない子どもは、まるで身につかないということになります。

　このように、ソーシャルスキルは、「年齢を重ねれば自然に身につく」というものではないのです。

　子どもたちは、いずれ学校を離れて社会に出ていきます。学校生活では、周囲のサポートがあり、特定の友人とだけ接していればいいので、大きな問題はなく過ごせているかもしれません。

　しかし、社会人になれば、学校にいるときと違って、様々な人との関わりが求められます。常識的にふるまったり、場の空気を呼んだりすることができなければ、職場でも居心地が悪くなってしまいます。結果として、ソーシャルスキルをもたないがために、職を失うようなケースも多く見られるのです。

　そうならないようにするためにも、ソーシャルスキルが身についていない子どもには、ソーシャルスキルトレーニング（SST）を行うことが必要となるわけです。

　人間関係に苦手意識を抱く前に、できるだけ早いうちからトレーニングを開始するのが大切です。成功体験を積み重ねていくことで、子どもは自分の特性を活かして、自分らしく成長できるようになります。

Point 3
SSTの心得

SSTを進めるための心得を4つ紹介します。

①ゆっくり進める

生きていくために好ましい行動ができるように練習するのがSSTです。子どもたちは、これまでに長い時間をかけて、好ましくない行動を身につけてしまっています。生き方のクセのようなものであるために、即時に変わるものではありません。新しい行動を身につけるためのSSTは、できるだけゆっくりと進めましょう。

②成功体験を増やす

子どもの自己肯定感を育むためには、成功体験を増やすようにすることが大切です。少しでもできたことがあれば、「いいね」「よくできたね」とほめます。仮にできていなかったとしても、「よくがんばったね」と、挑戦したことそのものをほめましょう。子どもは、ほめられることで「できた」と感じて、「次はもっとがんばろう」と意欲を持つことができるのです。

③子どもの興味を活かす

好きなものに取り組んでいるとき、子どもの学ぶ力は大きくなります。例えば、電車が好きな子どもならば、話し合いのテーマは「好きな果物」よりも「好きな乗り物」のほうが適しているということになります。子どもを観察して、好んで取り組んでいることをSSTのテーマとして取り入れてみましょう。

④般化を目指す

SSTのあそびが、やりっぱなしにならないように気を付けましょう。学んだスキルが、どのようなときに使えるか具体的にイメージさせたり、習慣化できるように練習させたりすることで、スキルを定着させます。これを「般化」と呼びます。まわりの教師や保護者の協力も得て、いろいろなところでトレーニングできるようにします。できるだけ周囲の大人とトレーニング内容を共有するようにしましょう。

Introduction　指導にあたって　　**13**

Point 4
SST の設定

　SST の設定場面では、どのような内容をターゲットにして教えるのか、対象となる子どもの課題に合わせて指導目標と課題を決めます。また、個々の子どもの特性に合わせた学習上の配慮や工夫を決めていくようにします。

　通常であれば、知能や能力全体を見るには、個別で行われる検査などを用います。ただし、個別の検査結果からは、全体的な認知能力、言語能力、非言語能力などの情報が得られますが、集団場面でもその力が発揮されるかどうかは分かりません。

　ソーシャルスキルの問題が発生するのは、集団場面です。つまり、個別の検査のみならず、集団場面での子どもの行動を観察することが大切だといえます。

　その際に重要なのが、「行動分析」です。子どもに必要なソーシャルスキルを知るためには、まずその子どもの行動の背景にある原因や、何を困難に感じているかを把握することが重要です。それには、心理学の行動分析の手法が役立つのです。

　行動分析では、一連の出来事を3つに分けます。

・どのようなときに（条件）
・何をして（行動）
・どうなったか（結果）

　例えば、勝手に人のものを使ってしまう子どもがいるとします。

　その子どもは、授業中に友だちの消しゴムを勝手に取って使ってしまい、友だちを怒らせてしまいました。

　この例であれば、次のようにまとめられます。

・どのようなときに（条件）　→　自分の消しゴムをなくしてしまったとき
・何をして（行動）　　　　　→　友だちの消しゴムを勝手に取って使った
・どうなったか（結果）　　　→　友だちを怒らせた

そして、ここから背景を考えていきます。
　「どうしてその行動に至ったのか」を想像するのです。そして、その原因にソーシャルスキルの不足がないかを考えます。

　今回の場合、どのようなソーシャルスキルの不足が考えられるでしょうか。
　例えば、人のものを借りるときにお願いをする「ルールを理解して守る」という行動のソーシャルスキルを身につける必要があります。
　あるいは、「ルールは知っていた」というのであれば、「自分の気持ちをコントロールする」という気持ちのスキルを身につければ、消しゴムを取って使いたいという衝動を抑えて行動ができるようになるかもしれません。
　また、「怒らせた」ということに対して謝ることができなかったのであれば、「いやな思いをさせてしまったら謝る」というスキルが必要です。
　普段から自分のものをよくなくしてしまうようであれば、「片づけが苦手」という自己認知のスキルを身につけることで、ものの紛失を防ぐことができるでしょう。

　このようにして、行動パターンから、その子どもの背景を推察します。
　行動のクセや得意なこと、苦手なことを把握できるようになり、これによって、効率的なトレーニングが可能になるのです。

　本書では、課題に応じたソーシャルスキルごとにあそびを分類して掲載しています。また、Chapter 1 〜 Chapter 5 へと進むごとに、発展的な内容になっています。
　目次を見て、子どもの行動から課題と推察されるソーシャルスキルを照らし合わせて選び取り、授業の活動として取り入れていきましょう。

Introduction　指導にあたって　　**15**

Point 5
4種類の SST

　SST には様々な種類のものが存在します。本書で取り上げる SST は、「モデリング」「ロールプレイ」「ゲーム」「ワークシート」です。

①モデリング (Chapter 1)
　よい例を教師が実際にやって見せる例示方法を、モデリングといいます。まず悪い例をイラストで確認します。その上で、教師がよい例をやって見せ、子どもに同じように行動させることを促し、コミュニケーションの基本形を学びます。

②ロールプレイ (Chapter 2)
　ロールプレイは、様々なケースでの行動を模擬的に演じます。そのために、「取り組みやすい」という利点があります。モデリングが教師の模倣だったのに対して、ロールプレイでは、自分なりの考えをもって行動することを促します。

③ゲーム (Chapter 3、Chapter 4)
　ゲームでは、いろいろな場面や状況が生まれるので、考えながら取り組むことができます。ゲームには、「ルールを守る」「予想できないことに対処する」「負けを受け入れる」「周囲の状況を見る」など、いくつかのソーシャルスキルが含み込まれています。ただし一方で、応用力が求められるために、見通しが立てづらく、勝敗にこだわる子どもが取り組みにくいという困難さも有しています。本書では、ソーシャルスキルを学ぶゲームあそび (Chapter 3) と、ソーシャルスキルを活用するゲームあそび (Chapter 4) とに分けて掲載しています。

④ワークシート (Chapter 5)
　ワークシートに取り組むことで、知識として適切な言動を知り、自分自身や他者とのやりとりについて考え、意識化することをねらいます。記入したワークシートをファイリングすることによって、日々の生活に落とし込んでいくような働きかけが可能となります。

Chapter

1

イラストから考える
モデリングあそび

イラストが描かれたワークシートページを
使用しながら行います。
まず、コミュニケーションの改善点を明らかにし、
その上で、どのように行動すればいいのかを
考えるあそびです。
**＊各あそびの右側のワークシートページを
コピーしてお使いください。**

言葉で伝えるあそび①

1 何歳ですか？

背景となる困難 うまく言葉で伝えられない

ねらい 基本的な自分の情報でさえも、言葉で返せない子どもがいます。「分かっているのに言葉に出せない」という状況です。答える習慣が身につけられるよう、繰り返し行います。

❶基本的なことを尋ねる

　この絵は、どのような様子でしょうか。大人の人が子どもに、名前と年齢を聞いていますね。
あなたなら、答えられますか？

　できる。

　あなたは何歳ですか？

　……。

❷教師の言葉を模倣して言う

　先生の後に続いて言いましょう。
あなたは何歳ですか？ 「8歳です」

　8歳です。

　お名前は何ですか？
「大鳥太郎です」

　大鳥太郎です。

　よくできました。

ADVICE！　・ほかにも、「好きな食べ物は何ですか？」「好きなおもちゃは何ですか？」「家族は何人いますか？」「どこに住んでいますか？」など、基本的なことを尋ねて、答える練習をします。

言葉で伝えるあそび②

大丈夫？
背景となる困難 尋ねられたことに答えられない

ねらい 簡単な日常会話の中で質問に答えることのできない子どもがいます。質問に対する答えは分かっているものの、どう答えればいいのか分からなくて黙ってしまうことがあります。

❶ケガの様子を尋ねる

　この絵では、運動場で転んでひざをすりむいた後、大丈夫かどうか聞かれていますね。こんなとき、どう答えればいいでしょうか？

　「大丈夫」とかかな？

　いいですね。「大丈夫です」「まだちょっと痛い」などと言えばいいですね。

❷教師の言葉を模倣して言う

　では、先生の言葉の後に続いて言ってみましょう。「ひざのケガは、大丈夫？」「大丈夫です」

　大丈夫です。

　痛いときもやってみましょう。「ひざのケガは、大丈夫？」「まだちょっと痛いです」

　まだちょっと痛いです。

　上手に言えました！

ADVICE！　・ほかにも、「痛くない？」「消毒してあげようか？」「保健室に行く？」などの質問をしてみましょう。

言葉で伝えるあそび③

3 よい会話と悪い会話

背景となる困難 基本的な会話ができない

ねらい 会話が文にならない子どもがいます。単語で答えてしまうため、うまく会話が続きません。単語のみで話をしようとする子どもに、文で話すことの大切さを教えます。

❶よい会話と悪い会話を比較させる

この絵のような会話になることはありませんか？
こうした会話は、短すぎて、よい会話とはいえませんね。
では、先生たちでよい見本をやって見せます。

昨日は何をしていたの？

新しく買った本を読んでいました

❷よい会話を目指して質問し合う

（よい見本を見せた後）では、みなさんもよい会話を目指してみましょう。

昨日は何をしていたの？

スーパーに買い物に行きました。

何を買ったの？

（活動後）きちんと文になっていますよ。
「何を」「どうしたのか」まで言えると、よい会話になりますね。

昨日は何をしていたの？

スーパーに買い物に行きました

ADVICE！　・文が思いつかない場合は、教師が横について、言葉を修正し、まねさせるようにするといいでしょう。

言葉で選ぶあそび①

4 挨拶の使い分け

背景となる困難 挨拶の言葉を選べない

ねらい 人との関わりが苦手な子どもは、場違いな挨拶をしてしまうことがあります。相手によって挨拶を使い分ける練習をします。

❶校長先生と挨拶をする

この絵の挨拶で、おかしいところはありますか？

校長先生に対して、えらそう。

正しい挨拶は「おはようございます」ですね。では、先生が校長先生の役をやります。1人ずつ校長先生との挨拶をやってみましょう。「おはようございます」

おはようございます。

先生が校長先生の役をやります
おはようございます
「おはようございます」

❷友だちと挨拶をする

友だちの役をやります。「おはようございます」
ちょっと大げさすぎると思うな

今度は、友だちとの挨拶です。先生が、友だちの役をやります。「田中さん、おはようございます」（お辞儀をする）挨拶は、これでいいですね。

ちょっと大げさすぎると思うな。

では、友だちへの挨拶をしてみますね。「田中さん、おはよう！」
このような、友だちへの挨拶を1人ずつやってみましょう。
（活動後）目上の人への挨拶と、友だちへの挨拶は、違いがあるのです。使い分けられるようにしたいですね。

ADVICE !　・「見守りのおじいさん」「近所の顔なじみのおばさん」「親の職場の人」など、様々な条件を設定して演じてみましょう。

24

言葉で選ぶあそび②

5 初対面の挨拶
背景となる困難 失礼な言動をしてしまう

ねらい 初対面のときに、「この人たちは誰なのだろう」という考えから、失礼な言動をしてしまうことがあります。初対面の際のふるまいを教え、繰り返し練習します。

❶失礼な言葉の様子を見る

この絵は、どのような様子でしょうか？ はじめて出会う大人の人との会話です。「あんた、誰？」と聞いていますね。これについて、どう思いますか？

失礼だと思う。

はじめて会う人には、何を言えばいいのでしょうか？

自己紹介かな？

❷初対面の挨拶を練習する

はじめての人と出会ったときには、「はじめまして。○○です」というように、自己紹介をするのが基本です。先生の後に続いてやってみましょう。「はじめまして。大鳥太郎です」

はじめまして。大鳥太郎です。

きちんと挨拶できましたね。

ADVICE! ・「親の知り合いの人とはじめて出会った」「ほかの学校の先生がやってきた」「友だちのお母さんとはじめて会った」などの状況を想定して、繰り返し練習します。

言葉で選ぶあそび③

6 本音隠し

背景となる困難 言ってはいけない本音を言ってしまう

ねらい 思ったことをそのまま口にして、周囲をいやな気持ちにさせてしまう子どもがいます。本音の代わりに感謝の言葉を伝える練習をします。

❶ 正直に言う様子を見る

この絵はどのような様子でしょうか？ 親戚のおじさんがクッキーを買ってきてくれたのに、子どもが「いらない」と言っていますね。見ていて、どう思いますか？

おじさんが、かわいそう。

でも、確かに、ほしくないものもあるよね。そんな気持ちは、どうすればいいのかな？

心の中にしまっておく。

❷ 感謝の言葉を伝える

「ありがとう」と、まずは感謝の気持ちを伝えられるといいですね。では、演じてみましょう。「旅行のおみやげにクッキーを買ってきたよ」

ありがとう。

いいですね。ほしくないものをもらったときでも、ひとまず「ありがとう」を伝えたいですね。

ADVICE! ・「昔のプラモデル」「知らない人形」「興味のない本」など、様々なものをもらったシチュエーションで練習しましょう。

自分の感情を出すあそび①

7 喜びの表現
背景となる困難 感情が表現できない

ねらい 感情の表現の仕方が分からず、表情に出すことができない子どもがいます。喜怒哀楽を判別できないような状態です。感情を態度に表せるように練習します。

❶1位をとって喜ぶ言葉を考える

この絵は、どのような様子でしょうか？　1位をとって、喜んでいるところですね。この子は、どんな気持ちでしょうか？

うれしい。

そうですね。
うれしいときは、どんな言葉を言えばいいのでしょうか？

❷教師の言葉を模倣する

うれしいときは、「やった〜！」「よし！」「イエ〜イ！」と言っていいのですよ。練習してみましょう。先生の後に続いて言います。「やった〜！」

やった〜！

イエ〜イ！

イエーイ！

よくできました！

ADVICE！
・このあそびに続けて、子どもが喜ぶ発表をしてみるといいでしょう。例えば、「先日のテストの結果、○○さんは100点でした！」「今日の2時間目は、体育館でボールあそびをします！」など。

自分の感情を出すあそび②

8 叱られたときの表情
背景となる困難 叱られているのに笑ってしまう

ねらい その場にそぐわないような表情をしてしまう子どもがいます。表情と、相手が受け取る印象について考えさせることで、表情の決まりを理解できるように促します。

❶ニヤニヤしている顔を見る

 この絵を見ていて、おかしなことはありませんか？

 表情が、笑っている。

 笑っていると、何がおかしいのですか？

 悪いと思っているのかどうか、分からないよ。

❷神妙な顔で謝る

 謝るときは、どんな表情で言えばいいのでしょうか？

 こんな表情かな～。
（顔をしかめる）

 田中さん、すごく上手です。みんなで、この表情で謝ってみましょう。
「ごめんなさい」

 ごめんなさい。

ADVICE! ・写真撮影をしたり、鏡で見たりすると自分の表情を確認することができます。

友だちの感情に気付くあそび①

9 表情に注目

背景となる困難 自分の好きな話ばかりする

ねらい 自分の興味のある話を繰り返ししゃべり続けてしまう子どもがいます。表情に注目させることで、相手が興味ある話題かどうかを想像させるようにします。

❶表情の暗さに気付く

　この絵は、1人の男子が同じ話ばかりをしています。まわりの子は、どう感じているのでしょうか？

　つまらなさそう。

　どうして？

　つまらなさそうな顔をしているから。

❷聞き手の表情に注目する

　話をするときには、相手の顔を見ることが大切なのですね。先生たちが2人で話をするので、聞き手の先生が楽しそうか、つまらなさそうかを読みとってください。「最近、ヨガが好きでね。毎日ヨガに行ってるんだ」

　そうなんだね！（楽しそうに）

　今のは楽しそうでしたね。では、もう一例をやってみます。「最近、ヨガが好きでね。毎日ヨガに行ってるんだ」

　そうなんだね。（下を向いて）

　つまらなさそう。

ADVICE!　・実際に、教師と子どもで聞き手になって表情を変化させてみるといいでしょう。教師は分かりやすいように、大げさに「つまらなさそう」「楽しそう」な表情を使い分けて子どもに教え示すようにします。

謝るあそび①

10 謝る練習　先生編
背景となる困難 自分の非を認めない

ねらい まわりに迷惑をかけたとき、「自分は悪くない」とまったく非を認めない子どもがいます。言い訳をするのではなく、素直に謝ろうとする気持ちを抱かせるようにします。

❶ケンカでガラスが割れた絵を見る

　この絵は、どのような様子でしょうか？　ケンカをしていてガラスを割ってしまったようです。1人は謝って、もう1人は相手が悪いと言い張っていますね。謝っている子だけが悪いのでしょうか？

　文句を言っている子が、悪口を言ったのかもしれないな。

❷謝り方を練習する

　いずれにせよ、2人でケンカをしていて窓ガラスを割ってしまったのは事実ですね。こんなときには、どうしないといけないのか、分かりますか？

　文句を言っている子も謝る。

　そうですね。人に迷惑をかけたときは、謝りましょう。練習します。先生の後に続いて言いましょう。「ごめんなさい」

　ごめんなさい。

ADVICE！　・特に、責任転嫁する様子が見られる場合に用いたい内容です。

謝るあそび②

11 謝る練習　友だち編
背景となる困難 謝ることができない

ねらい 迷惑をかけたら、すぐに謝ることがマナーです。即座にお詫びをしなければ、相手に不愉快な思いをさせてしまうかもしれません。すぐに謝る練習をします。

❶謝らない姿を見る

この絵は、給食の時間の様子です。こんなときには、どう言えばいいのでしょうか？

「ごめんね」かな？

❷謝る言葉を考える

そうですね。迷惑をかけてしまったら、「ごめんね」と、すぐに謝ることが大切です。やってみましょう。
「あっ！　私の給食にかかった！」

ごめんね。

「いいよ。ちょっとだけだから」
上手に謝れましたね。

ADVICE！　・ほかの例も、いくつかやってみるといいでしょう。「借りたノートを汚してしまった」「水筒のお茶をかけてしまった」「廊下を歩いていて、ぶつかってしまった」など。

友だちを大事にするあそび①

12 失礼な指摘
背景となる困難 友だちをバカにする

ねらい 自分が知っている情報について、友だちが知らなければ、失礼な言い方で指摘してしまうことがあります。他人が情報をもち合わせていないときの対応方法を学びます。

❶失礼な指摘の様子を見る

 この絵では、友だちに「そんなことも知らないの？」と言っていますね。あなたは、このように人に言ってしまうことはありますか？

 ときどきある。

 あなたが同じように言われたら、どうでしょうか？

 いやな気持ちになる。

❷やさしく教える練習をする

 では、どのように言えばいいのでしょうか？

 教えてあげるといいかな。

 先生がやってみるので、まねしてみましょう。「『のぞみ』って何？」「『のぞみ』は、新幹線の名前だよ」

 「のぞみ」は、新幹線の名前だよ。

 よくできました。自分が当たり前のように知っていることでも、ほかの人が知らないこともあります。やさしく教えてあげられるといいですね。

ADVICE！ ・子どもが熟知しているテーマで、いくつかのモデリングを続けて取り組むようにするといいでしょう。

友だちを大事にするあそび②

13 お前のせいで
背景となる困難 人を責め立てる

ねらい 他人の失敗を認めることができず、厳しく追及しようとする子どもがいます。失敗に対して、寛容になり、やさしく接することができるように練習します。

❶やさしい言葉かけを考える

この絵は、男子が大なわとび大会で負けたことを、友だちの失敗のせいにしています。これを見て、どう思いますか？

失敗した人がかわいそう。

こんなとき、どうすればいいのでしょうか？

はげましてあげたほうがいいな。

❷思いやりのある言葉かけを練習する

では、先生のまねをして言ってみましょう。
「次、またがんばろうよ！」

次、またがんばろうよ！

よくできました。
誰でも失敗したり、うまくいかなかったりすることはありますよね。失敗した人も気にしているのですから、やさしい言葉をかけてあげましょう。

ADVICE! ・実際に大なわとびをやってみて、声をかける練習をしてみるのもいいでしょう。

お前のせいで、負けたんだ！

そうだけど……

ルールやマナーを守るあそび①

14 家に上がっていいの?

背景となる困難 他人の家に上がり込んでしまう

ねらい ルールが理解できない子どもは、勝手に他人の家に上がり込んでしまうことがあります。自分の家と同じように上がり込んでしまい、大きな問題に発展することもあります。

❶勝手に上がる様子を見る

この絵は、どのような様子でしょうか? 友だちの家に勝手に上がり込んで、びっくりされているところですね。あなたは、知らない間に友だちが家に勝手に入ってきていたら、どう思いますか?

怖い。

❷友だちの家のルールを知る

教室でやってみましょう。この扉が、友だちの家のドアだとします。友だちの家へ、やってきました。でも、インターホンを押しても、誰も出ません。こんなとき、どうしますか?

家にいったん帰る。

そうですね。勝手にドアを開けたり、上がり込んだりしてはいけませんよ。入ってもいいのは、おうちの人が「上がってもいい」と言ったときだけです。

ADVICE! ・小学校高学年や中学生になってからでも、このような事態が起こります。低学年のうちに教えておく必要があります。

ルールやマナーを守るあそび②

マナー間違い探し

背景となる困難 友だちの家で失礼なふるまいをする

ねらい 友だちの家にあそびに行って、トラブルを起こしてしまう子どもがいます。友だちの家に行ったときの基本のマナーを確認する必要があります。

❶絵からマナーについて考える

この絵は、どのような様子でしょうか？ 友だちの家で楽しく過ごしているのですね。
あれあれ？ いくつかのマナーの間違いがありますよ。
何なのか、分かりますか？

ソファでとびはねている人がいる！

❷正しいマナーを実践する

黙って入ってきている子もいるよ。

勝手に部屋をのぞいている子もいる。

（確認後）やってはいけないことが分かりましたね。では、今確認したことを、この教室でやってみます。
（教師がやってみせる）みなさんもやってみましょう。1人が家にいます。そのほかの人は、あそびに来た人の役をやりましょう。

おじゃまします。

ADVICE!　・解答は、「『おじゃまします』を言っていない」「靴を揃えていない」「勝手にものにさわっている」「あそぶ部屋以外に入っている」「ソファでとびはねている」です。

ルールやマナーを守るあそび③

16 順番抜かし
背景となる困難 順番が守れない

ねらい 家庭でいつも甘やかされてばかりいるような場合、学校でズルい態度をとる子どもがいます。よく現れるのは、列で並んでいるようなときです。順番に並ぶことを覚えます。

❶順番抜かしの様子を見る

この絵は、順番に並んでいるのに、抜かしてしまっていますね。どう思いますか？

ずるい。

このような順番抜かしを、やってしまったことはありませんか？

ちょっとだけある。

❷我慢の言葉を練習する

こんなときは、我慢することが大事ですね。「我慢して並ぼう！」繰り返してみましょう。

我慢して並ぼう！

今日の給食のおかわりのときに、実践できるといいですね。

ADVICE！　・教師や子どもが複数人いる場合であれば、実際に列をつくってみて、最後尾に並ぶ練習をするといいでしょう。

生活を整えるあそび①

17 待ち合わせの遅刻

背景となる困難 時間が守れない

ねらい 準備に時間をかけてしまい、朝の待ち合わせの時刻に遅れてしまう子どもがいます。遅れる原因の多くは段取り不足です。朝の行動の段取りを順序立てて行うようにします。

❶待ち合わせに遅れる様子を見る

 この絵では、朝の待ち合わせの時刻に、大きく遅れていますね。このように、友だちを待たせてしまうことはありませんか？

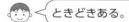

 待っている友だちは、どう思っているのかな？

❷朝の段取りを確認する

 どうすれば、時刻通りに行くことができるでしょうか？

 朝にやることを、決めておくといいですね。これから、朝やることを書き出します。どの順番でやればいいのか考えてみましょう。

ADVICE！
・家庭で実行することなので、家庭との連携が必要です。紙に書き出したものを持ち帰らせて、保護者に実行できているかどうかを見てもらいます。

も〜、
おそいな〜

あっ、
やっと来た

お待たせー

生活を整えるあそび②

18 後ろをグルリ
背景となる困難 やりっぱなしにしてしまう

ねらい 「ものの置き忘れ」や「やりっぱなし」のように、物事を途中にしてしまう子どもがいます。ふりかえって確認することにより、これらの失敗を防ぎます。

❶片づけをせずに去る様子を見る

　この絵は、男子が「あ〜、楽しかった〜!!」と言って、その場を離れていますね。これを見て気付くことはありますか？

　片づけをしていない。

　こういうことって、あなたにもありますか？

　ある。つい、片づけを忘れちゃう。

❷後ろをふりかえって確認する

　片づけを忘れない方法があります。「後ろをグルリ」とふりかえるのです。その場を離れるときに、一度、「後ろをグルリ」と確認してみましょう。では、やってみましょう。

　後ろをグルリ。

　いいですね！今日は、1つ1つの活動の後に、「後ろをグルリ」してみて、やり忘れや置き忘れがないかを確かめてみましょう。

ADVICE！　・「休み時間であそび終わった後」「授業が終わった後」「校外学習でお弁当を食べた後」など、様々な状況で活用することができます。日常的に「後ろをグルリ」と呼びかけてみましょう。

授業態度を考えるあそび①

授業中の砂いじり

背景となる困難 授業中にほかのことをしてあそんでいる

ねらい 授業中に、授業の活動に参加せず、あそび続けてしまう子どもがいます。学習に取り組まず、自分の好きなあそびにばかり注意を向けてしまう場合に用います。

❶授業中にあそんでいる姿に気付く

　この絵は、授業中の様子です。何がいけないのかな？

　授業中なのに、砂であそんでいる。

　では、砂いじりをしている子に注意をしてみましょう。先生が、その子どもの役をやりますね。「ふん、ふん、ふ〜ん♪（砂いじりをしている）」

　話をきちんと聞かないとダメだよ。授業中だよ。

　うん、分かった。

❷あそびに対して注意を促す

　上手に伝えることができましたね。交替しましょう。砂いじりをする子どもの役をやってくださいね。「話をきちんと聞かないとダメだよ。授業中だよ」

　うん、分かった。

ADVICE！　・「一緒に授業を受けようよ」「気が済んだら授業を受けるんだよ」など、様々な伝え方があることでしょう。これらの意見を肯定的に受け止めます。

授業態度を考えるあそび②

20 つられない勝負

背景となる困難 まわりの環境につられてしまう

ねらい クラスの中に授業に集中できない子どもがいると、連鎖するように騒いでしまうことがあります。衝動性を自制するよう促します。

❶ まわりにつられてあそぶ様子を見る

この絵は、授業中なのですが、勝手に立ち歩く人や、あそぶ人がいますね。まじめに勉強をしている人もいます。こんなとき、あなたならどうしますか？

まじめに勉強する。

❷ まわりの様子につられず集中する

では、まわりにつられない練習をしてみましょう。つられなければ、あなたの勝ち。つられてしまったら、先生の勝ちです。今は授業中だとします。教科書を読んでいます。すると、となりの子どもが、ふざけてあそび始めました。
「(子どものフリをして) 昨日の動画見た？ ねえ、見た？」

……今は、授業中だよ。(再び教科書を読む)

すごい！ よく、つられませんでしたね。

ADVICE! ・ほかにも騒いだり、歌ったり、お絵かきを始めたりして、集中を阻害します。つられなかったら、大いにほめましょう。

COLUMN 1

パペットの有効活用

　ロールプレイでは、実際に行われるようなやりとりを、子どもの前でやってみせます。もし教室内に教師が2人以上いるようであれば、教える内容を教師2人で演じてみせるといいでしょう。しかし、多くの場合、特別支援学級などでは、教師1人で数人の子どもたちを見るような状況が多いことでしょう。

　そこで、パペットを有効活用しましょう。2人でやりとりをする様子を、パペットで表現してみせるのです。パペットを用いてロールプレイをする場合は、次のような流れで実施します。

---
①パペットが悪い行動の見本を見せる
②子どもがよい行動について考え、提案する
③子どもがパペットの代わりに行動してみせる
④子どもがほかの状況でも行動する

　本書では、人形を用いて「ワン太」「ニャン子」「コン助」としていますが、人形であれば、どんなものでもかまいません。できれば、子どもが興味を抱くようなものにするのが望ましいところです。

　また、パペットを子どもに持たせる、というのも方法として有効です。「自分がしゃべっている」のではなくて、「パペットがしゃべっている」ということになれば、心理的な負担が軽減されます。

ワン太

ニャン子

コン助

Chapter

2

パペットを用いる
ロールプレイあそび

様々な場面について、子どもの意見を取り上げながら、
対応の仕方について考えさせるあそびです。
教師が複数いる場合は教師2人で、
教師が1人ならパペットを使用します。

会話するあそび①

21 友だちとの会話
背景となる困難 会話を続けられない

ねらい 授業中や休み時間に、その場に応じた会話をすることによって、仲の良い関係が築かれます。友だちに話しかけられたときの反応の仕方について考えます。

❶相手の言葉への反応を考える

ワン太とニャン子が、かけっこをしています。
　「ワン太って、足がはやいんだね！」
　「……」
　「足がはやいって、すごいことだよ」
　「……」
こんなとき、ほめられた人は、黙っていてもいいのかな？
どう言えばいいのかな？

「ありがとう」って言えばいいかな？

❷返す言葉を練習する

では、ワン太の代わりに言ってみましょう。
　「ワン太って、足がはやいんだね！」

ありがとう。ニャン子もはやいよ。

　「わあ、ありがとう！」
よく考えましたね。

ADVICE ! ・教師がワン太側の立場をやってみせるのもいいでしょう。話しかける練習になります。

会話するあそび②

22 話が変わるんだけど

背景となる困難 自分の興味のある話ばかりしようとする

ねらい 自分の好きなことの話ばかりをしてしまう子どもがいます。相手の話を受け止めつつ、自分の話をするように練習します。話を転換させる方法を学ばせていきます。

❶急に話の内容を変える

ワン太とニャン子が話をしています。
　「昨日の動画、見た？　すごく楽しかったよね！」
　「新しいカードを買ってもらったんだ。キラキラしていて、すごく強いんだ！」
　「えっ……何の話？」
やりとりを見ていて、おかしなところはありましたか？

動画の話だったのに、急にカードの話になった。

❷うまく話を変えられるようにする

話をするときのコツは、相手のしたい話を続けてから、少しだけ変えることです。大きく変えたいのであれば、「話が変わるんだけど」と言ってみるといいですよ。やってみましょう。
　「昨日の動画、見た？　すごく楽しかったよね！」

うん、見たよ。楽しかった！
話が変わるんだけど、じつは昨日、新しいカードを買ってもらったんだ。

　「ええーっ、すごい！」
上手に変えることができましたね。

ADVICE！　・「違う話なんだけど」「違う話をしてもいいかな？」など、様々な言い方があります。自分に合う言い方を選ばせるようにしましょう。

Chapter 2　パペットを用いるロールプレイあそび　61

感情を読むあそび①

23 寒いよ
背景となる困難 言葉の中の意味が理解できない

ねらい 言葉の表す意味を理解するのが苦手な子どもがいます。言葉の中に意味が含まれていることに気付かせるようにします。

❶言葉の表す意味を考える

ワン太とニャン子が話をしています。
🐱「ねえ、なんだか寒いよ」
🐶「うん、そうだね」
🐱「うん……」
ニャン子が寒がっていますね。このとき、ワン太に何かできることはないのでしょうか？

暖房をつけてあげるといいかな。

❷できることを考えてやってみる

では、ワン太の代わりに答えてあげましょう。
🐱「ねえ、なんだか寒いよ」

毛布をかけてあげようか。はい。

🐱「ありがとう！」
よく考えましたね。
今のように、誰かが困っていたら、自分にできることがないかを考えて動いてみましょうね。

ADVICE！
・ほかにも、「暑いよ」「のどがかわいたよ」「おなかが空いたよ」などの例でやってみるといいでしょう。

感情を読むあそび②

24 どうして叱られているの？

背景となる困難 叱られている人に近づいてしまう

ねらい 叱られている子どもの近くに寄っていき、無遠慮に理由を尋ねてしまう子どもがいます。叱られているのを見たときの行動について学びます。

❶叱られている友だちのまわりで騒ぐ様子を見る

ニャン子が、コン助先生から叱られています。
　「どうして、友だちをたたいたの？」
そこに、ワン太がやってきました。
　「あれ？　ニャン子が叱られているぞ。ねえねえ、どうして叱られているの？」
ワン太を見て、どう思いますか？

そんなに騒いだら、叱られている人がかわいそう。

❷叱られている友だちへの対応を考える

では、どうすればいいでしょうか？
ワン太の立場を演じてみましょう。
　「どうして、友だちをたたいたの？」

あっ……。（その場を離れる）

なるほど、いいですね。友だちが叱られているときは、気になるかもしれないけれど、じろじろ見たり、理由を聞いたりすることはやめておきましょうね。

ADVICE！
・人をじっと見てしまうような行動がよくあります。見続けることも失礼にあたることを押さえさせていきましょう。

Chapter 2　パペットを用いるロールプレイあそび　63

友だちと関わるあそび①

25 痛いよ
背景となる困難 やりすぎてしまう

ねらい 友だち同士でじゃれるようにしてたたき合うことは、よくあります。他者の気持ちを考えるのが苦手な子どもは、やりすぎてしまうことがあります。

❶たたき合いがエスカレートする様子を見る

ワン太とニャン子が、2人でふざけ合っています。
　「や〜い」（軽くたたく）
　「やったな！」（軽くたたき返す）
　「痛いよ！　もう！」（軽くたたき返す）
　「やったな！」（強くたたき返す）
あらあら、ニャン子が泣いてしまいました。
見ていて、どう思いましたか？

ワン太、やりすぎだよ。

やったな！

ワン太、やりすぎだよ

❷相手の気持ちを考えて行動する

どうすれば、やりすぎないでいられるかな？

表情をよく見ればいいんじゃないかな？

では、ワン太の立場を演じてみましょう。
　「痛いよ！　もう！」（軽くたたく）

えいっ！（軽くたたく）

　「あはは！」（笑ってみせる）
これくらいなら、相手もいやな気持ちをしていませんね。
あそぶときには、自分だけではなく、相手も楽しい気持ちでいるかどうかに気を付けましょう。

えいっ！

ADVICE！
・相手の言葉に注目させるのもいい方法です。「『やめて』と言われたら、やめる」など、伝えられた言葉をよく考えさせるようにします。

友だちと関わるあそび②

26 今回はいいけど
背景となる困難 謝られても許せない

ねらい 人との関わりが苦手な子どもは、友だちが謝ってきても、許せないことがあります。相手のことを許しつつ、次の対応方法を考えるあそびです。

❶謝っていることに対して怒る様子を見る

ニャン子とワン太の会話です。
🐱「ごめん、借りていたマンガなんだけど、ちょっとだけ端のところが汚れちゃったんだ」
🐶「どうしてそんなことするんだよ！ 二度と貸さないからな！」
見ていて、どう思いましたか？

（吹き出し）端のところが汚れちゃったんだ
（吹き出し）二度と貸さないからな！
（吹き出し）きちんと謝っているのに、かわいそう

きちんと謝っているのに、かわいそう。

でも、もう貸したくない気持ちは分かるな～。

❷謝っていることに対して許す練習をする

では、ワン太の立場を演じてみましょう。
🐱「ごめん、借りていたマンガなんだけど、ちょっとだけ端のところが汚れちゃったんだ」

そうなんだ。今回はいいけど、次から気を付けてね。

（吹き出し）端のところが汚れちゃったんだ
（吹き出し）今回はいいけど、次から気を付けてね

ADVICE! ・「今回は許すけど、もう貸さない」という選択肢もいいでしょう。伝え方を考えさせるようにしましょう。

Chapter 2　パペットを用いるロールプレイあそび　65

友だちと関わるあそび③

27 うるさい！
背景となる困難 間違いを指摘されると怒ってしまう

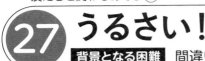

ねらい 友だちから間違いを指摘され、ふてくされてしまう子どもがいます。間違いを肯定的に受け止めさせるように促します。

❶間違いの指摘に対して怒る様子を見る

授業中の会話です。
　「ねえ、ワン太。ここ、間違っているよ！」
　「えっ……うるさい！」
　（ノートを破いてしまう）
　「ええっ……」
これを見て、あなたはどう思いますか？

そんなに怒らなくてもいいのにって思った。

❷感謝を伝えながら対応する

どうすればいいのでしょうか？

お礼の言葉を伝えたほうがいい。

じゃあ、やってみましょう。
　「ねえ、ワン太。ここ、間違っているよ！」

教えてくれてありがとう。

すばらしいね。誰にだって間違いはあるんだから、恥ずかしいことじゃないよね。

ADVICE！ ・「ここが変だよ」「直したほうがいいよ」「それはダメなんだよ」など、いくつかの否定の言葉で練習してみましょう。

言い方を考えるあそび①

28 お菓子食べようよ！
背景となる困難 悪い誘いを断ることができない

ねらい 悪い行動をするときに、1人ではなく、周囲を巻き込もうとすることがあります。そのような悪い誘いに対して、穏やかに拒否する言い方を学びます。

❶お菓子の誘いを強く断る様子を見る

ある日の休み時間、ワン太とニャン子は一緒に遊んでいました。
🐱「ねえ、ワン太。みんなには内緒だよ」
🐶「何？」
🐱「ほら、お菓子を持ってきたんだ。一緒に食べようよ！」
🐶「わーるいんだ！ お菓子なんて、持ってきたらダメなんだぞ！先生に言ってやろうっと！」
こんなふうに注意されたら、どう思うかな？

いやな気持ちになるかも。

❷穏やかな伝え方を考える

相手が「確かによくないな」と思えるようにしたいよね。では、ワン太の立場でやってみましょう。
🐱「ほら、お菓子を持ってきたんだ。一緒に食べようよ！」

お菓子を食べたいけど、私はもらわないよ。学校は勉強するところなんだから、お菓子は持ってきちゃダメだよ。

いいですね。それなら、素直に受け入れてもらえそうですね。

ADVICE！ ・どうしたらいいのか困ったときには、先生に相談するようにも伝えておきましょう。

言い方を考えるあそび②

29 マンガを貸して

背景となる困難 やさしく断ることができない

ねらい 相手から頼まれたときに、強く言いすぎてしまう子どもがいます。相手も自分もいやな気持ちをもたずにすむ断り方を学びます。

❶断り方を考える

ニャン子の家にワン太がやってきました。
　🐶「ねえ、このマンガ、すっごくおもしろいね！　貸してよ！」
　🐱「えっと……そのマンガはまだ読んでいないから、その……」
　🐶「貸してくれないの？」
　🐱「ええっと……いいよ……」
貸したくないのに、ニャン子はマンガを貸してしまいました。こんなとき、どのようにすればいいのでしょうか？

断ればいいんじゃない？

❷やさしい断り方を練習する

強く言いすぎると、相手がいやな気持ちになるかもしれませんね。一言謝りながら伝えてみるといいでしょうね。では、やってみましょう。
　🐶「ねえ、このマンガ、すっごくおもしろいね！　貸してよ！」

ごめん、この本はまだ読んでいないんだ。また読み終わったら貸してあげるよ。

それなら、相手を傷つけることがありませんね。

ADVICE！
- 相手も自分も大切にする伝え方を、アサーションと呼びます。
- 「鉛筆を貸してくれないかな（今使っているから貸せない）」「今日あそぼうよ（今日は習いごとがあるからあそべない）」などの例もやってみましょう。

68

言い方を考えるあそび③

私にも見せて
背景となる困難 一緒に読みたい気持ちが伝えられない

ねらい 言葉で気持ちを伝えるのが苦手な子どもは、楽しそうな活動に加わることが難しいものです。借りたい、一緒に読みたい気持ちを伝えるあそびです。

❶言葉がかけられない様子を見る

　ワン太が本を読んでいるところに、ニャン子がやってきました。
　🐶「あ〜、おもしろいな〜！」
　🐱「あれは、ずっと読みたかったマンガだ。私も読みたいな〜。でも、何て言えばいいのだろう……」
　ニャン子は困ってしまいました。さて、どのように伝えればいいのでしょうか？

　お願いしてみるといいんじゃないかな。

❷言葉をかける

　では、ニャン子の立場でやってみましょう。
　🐱「あ〜、おもしろいな〜！」

　そのマンガ、おもしろそうだね。僕にも見せてよ。

　🐶「いいよ」
うまくいきましたね。もしも借りたいときには、相手の気持ちを大事にして言葉を伝えるようにしましょう。

ADVICE！　・「マンガの名前を教えてもらって、自分で買って読む」「読み終わってから借りる」などの手段も演じてみるといいでしょう。

Chapter 2　パペットを用いるロールプレイあそび　69

言い方を考えるあそび④

31 からかうことの問題点
背景となる困難 よくない言い方をしてしまう

ねらい 友だちに対して、暴言を吐いてからかう子どもがいます。平気でからかう子どもは、相手の反応を楽しんでいるのです。からかうことの問題点について考えさせます。

❶友だちに暴言を吐く様子を見せる

ニャン子とワン太が一緒にお話をしています。
「や〜い、ブス！ カッコ悪い服を着てるな〜！」
「そんなこと、言わないでよ……」
これを見て、どう思いますか？

ひどい……。

❷暴言に対して注意する

ワン太に言いたいことはありますか？

友だちが、かわいそうだよ！ 嫌われちゃうよ。

「うん、そうだね」
いいですね。ところであなたは、友だちをからかうことはないかな？

たまにある。

相手の子は、きっと傷ついただろうね。そういうことは、やめたほうがいいよね。

うん。

ADVICE! ・暴言の内容は、その子どもがよく言う言葉を用いるようにします。言っている様子を客観的に捉えられるよう、子どもの様子を模倣します。

言い方を考えるあそび⑤

32 友だちからものを借りる

背景となる困難 ものを借りることができない

ねらい 気軽に友だちと話をすることが苦手な子どもは、忘れものをしても、友だちに借りることが難しい場合が多いです。まわりに頼んで助けてもらう言い方を学びます。

❶助けてもらう言葉を考える

ワン太は何か困っているようです。
「ああっ、しまった〜！　消しゴムがないぞ！　家に忘れてしまったんだな。ニャン子に借りたいけど、何て言えばいいのか分からない。どうしよう……」
さて、こんなとき、どうすればいいのでしょうか？

貸してもらうようにお願いする。

❷「○○貸して」と伝える

そうですね。では、ワン太の代わりに言ってみましょう。

消しゴム貸して。

「はい、どうぞ」

ありがとう。

いいですね。困ったときは、そうやって人に助けを求めるといいですね。では、ほかの場面でもやってみましょう。赤鉛筆を忘れたとき。

赤鉛筆貸して。

ADVICE！　・借りた後や返すときに「ありがとう」を伝えることも、併せて指導しましょう。

Chapter 2　パペットを用いるロールプレイあそび

自己主張するあそび①

33 いじめへの反撃
背景となる困難 いじめられる

ねらい いじめは、何の根拠もないような暴言を吐かれるものですが、言われた側はとても傷つきます。いじめられたときに、どう返せばいいのかを考えさせるようにします。

❶いじめを受ける様子を見る

ニャン子が、ワン太からいじめられています。
　「こいつの机をさわると、バイ菌がうつるんだぜ！」
　「………」
あなたがニャン子なら、どうしますか？

同じように、黙っているかも。

❷いじめに対して正しく反撃する

先生とか大人に伝えるのも、１つの手段だね。何かをきっぱりと言い返すのも、いい方法です。今日は、言い返す練習をしましょう。
　「こいつの机をさわると、バイ菌がうつるんだぜ！」

そんなこと言わないで！

いいね。こうしてきっぱりと言い返すことも、方法として覚えておきましょう。

ADVICE！　・はじめは小さな声でしか言えないのを、繰り返し練習し、自信をもって言い返せるように練習します。

自己主張するあそび②

34 知らない人からの声かけ
背景となる困難 自分の身を守れない

ねらい 登下校中や放課後の不審者情報が流れるなど、子どもたち自身で身を守る術を身につけさせる必要があります。ロールプレイを通して、そうしたスキルを学びます。

❶不審者から声をかけられるのを見る

ある日の帰り道のことです。
🐱「あれ？ 知らない車だ。カッコいいな〜」
🐶「こんにちは！ ニャン子さん」
🐱「誰？ どうして私の名前を知っているの？」
🐶「おいしいお菓子をあげるから、車に乗らないかい？」
🐱「うん！」
知らない人から声をかけられたら、あなたならどうしますか？

無視して、逃げるよ！

❷不審者から逃げる

では、ニャン子の代わりに答えてみましょう。
🐶「おいしいお菓子をあげるから、車に乗らないかい？」

いらない！ （その場から去る）

いいですね。大きな声を出す、ブザーを鳴らすという方法もあります。
もしもこういう人を見かけたら、すぐに大人の人に知らせましょうね。

ADVICE！
・いくつかの例を挙げて、子どもが素早く取り組める方法を行わせるようにします。

Chapter 2　パペットを用いるロールプレイあそび　73

授業中の言葉を考えるあそび①

トイレに行きます
背景となる困難 トイレに行きたいことが伝えられない

ねらい 授業中にトイレに行くことを教師に伝えられない子どもがいます。その恐怖感が、不登校のきっかけになることもあります。特に、学校生活に慣れていない段階で確認します。

❶トイレに行くかどうかを迷う

授業中に、ワン太が困っています。
「この問題が分かる人？」
「ああ、お腹が痛い〜。でも、今は授業中だし、トイレに行きたいって言ったら怒られるかもしれないな。それに、恥ずかしいな……」
こんなとき、どうすればいいのでしょうか？

「トイレに行きます」って言えばいいよ。

❷トイレに行くことを伝える

では、やってみましょう。

先生、トイレに行ってきます。

はい、どうぞ。
よくできましたね。
トイレに行きたくなるのは、自然なことですから、恥ずかしがる必要はありませんよ。

ADVICE！
・もしも恥ずかしがるようであれば、「小さな声で言って行く」という方法も提示しましょう。

授業中の言葉を考えるあそび②

36 分かりません

背景となる困難 「分かりません」が言えない

ねらい 授業で当てられたときに「分かりません」が言えない子どもは、混乱して黙ってしまいがちです。何度も繰り返して、現実的な場面でも「分かりません」と言えることを目指します。

❶黙り込む場面を見せる

「ワン太くん、この問題の答えを言ってください」
「えっと……その……」
ニャン子先生が、ワン太を当てました。ワン太は、答えが分かっているのかな？ それとも、分かっていないのかな？

分かっていない。

そうですね。こんなときには、どうすればいいのかな？

正直に言うといい。

❷「分かりません」と言う

では、ワン太の代わりに言ってくれるかな？
「ワン太くん、この問題の答えを言ってください」

分かりません。

上手にできました。では、いくつかの問題を出しますので、練習してみましょう。
明日の天気は？

分かりません。

ADVICE！ ・難しい漢字や、難しい計算を示してみせて、「分かりません」を言う練習にしましょう。また、「考え中です」などの言葉も例示するとよいでしょう。

授業中の言葉を考えるあそび③

僕を当てて
背景となる困難 発表をしたがる

ねらい 授業中に強く主張したり、指名されずに答えを言ってしまったりして、授業を妨害してしまう子どもがいます。周囲の子どもの気持ちを考えるよう促します。

❶自己主張する姿を見る

ある日の授業中の様子です。
🐱「この問題が分かる人はいますか？」
🐶「はい、はい！ 分かった、分かった！ 当てて、当てて！」
🐱「では、コン助さん」
🐶「ああ～！ どうして当ててくれないんだよ～！」
こんなふうに騒いでしまうことはないでしょうか？

たまに、あるかも……。

❷注意を促す

ワン太に注意してみましょう。

そんなに騒いでいると、まわりが迷惑だよ。我慢したほうがいいよ。

🐶「うん、そうする……」
よく考えましたね。ときには我慢することも必要ですね。

ADVICE！ ・衝動が抑えられない姿を客観的に見せることが大切です。ワン太のセリフは、勢いよく演じるようにしましょう。

休み時間の言葉を考えるあそび①

38 あそびに混ぜて
背景となる困難 あそびに入れない

ねらい 一緒にあそびたくても、自分から輪に入っていけない子どもがいます。声をかけてもらうのを待つのではなく、自分から話しかけられるようになることを目指します。

❶友だちがあそんでいる様子を見る

ニャン子とコン助が楽しそうにあそんでいます。
　「ね〜、今度はもっと大きな山をつくろうよ！」
ワン太がやってきました。
　「いいな〜。楽しそうだな〜。混ぜてほしいな〜。でも、何て言えばいいか分からないし、誘ってもらえるまで待っておこう……」
こんなことは、ありますか？

よくある。

❷輪に入れてもらう練習をする

一緒にあそびたいときには、「混ぜて」「何しているの？」などと言えばいいのですよ。ワン太になって、やってみましょう。

何しているの？

　「山をつくっているの。ワン太くんも一緒にやる？」
上手に言えましたね。一緒にあそびたいときは、そのようにして、自分から声をかけていきたいですね。

ADVICE！ ・コン助の人形は台の上に置いて、ニャン子とあそんでいる様子を演出します。

休み時間の言葉を考えるあそび②

39 や〜めた！

背景となる困難 みんなであそんでいるのに勝手にやめてしまう

ねらい 他者の気持ちを推察するのが苦手な子どもは、自分が興味を失ってしまうと、急にやめてしまうことがあります。周囲の友だちに配慮するやめ方を練習させます。

❶ 急にやめてしまう様子を見る

ワン太とニャン子が一緒にあそんでいます。
　「オニごっこは楽しいね！
　　次は、私がオニをするよ」
　「つまらない。やーめた！」
　「ええっ！？」
見ていて、どう思いましたか？

いきなりあそびをやめてしまうのは、よくないと思うな。

❷ 一言伝えてからやめる練習をする

こんなときには、一言謝ってやめるといいですね。では、ワン太の立場でやってみましょう。
　「オニごっこは楽しいね！
　　次は、私がオニをするよ」

ごめんね。ちょっと疲れちゃったから休むよ。

　「分かった！」
なるほど、いいやめ方ですね。一緒にあそぶ友だちがいやな気持ちにならない伝え方をしたいですね。

ADVICE！　・「ちょっとだけ続けてみて、それでもやめたくなったら伝える」というように、少し我慢してみる方法も提示しましょう。

段取りを考えるあそび①

40 掃除の段取り

背景となる困難 掃除中にふざける

ねらい 掃除中にふざけてしまう子どもは、「掃除をしなさい」と言われても、何をどうしたらいいかが分かっていないことがあります。活動の具体的な手順をつくります。

❶掃除でふざける様子を見る

今は、掃除の時間です。
😼「わ〜い！　教室で走ると楽しいぞ！」
🐶「ワン太くん！　掃除中だよ！」
ワン太は、掃除もせずにあそんでいます。
ワン太に注意しましょう。

きちんと掃除しないとダメだよ。

あなたも、こんなふざけ方をしたことはありますか？

ある。

❷掃除の段取りを紙に書く

どうしてふざけてしまうのかな？

掃除って、何をすればいいのか分からなくて……。

じゃ〜、段取りを確認してみよう。あなたの掃除は、ぞうきんがけだったよね？
①教室のゆかをふく。
②ぞうきんを洗ってしぼる。
③机を運ぶ……という順番だね。
紙に書いておこう。

ADVICE！ ・掃除の内容については通級担任との連携をはかり、確認しておきましょう。

Column 2

感情想像クイズ

他人の感情について考えるのが難しい子どもには、クイズが効果的です。子どもたちが喜んで考え答える「感情想像クイズ」を紹介します。どの回答も、あり得る状況であれば正解とします。

①犬から離れる

花子さんは、前に犬に追いかけられたことがあります。だから、道で犬を見ると、すれ違わないように犬から離れます。どうして花子さんは、犬から離れるのでしょうか？

＜答えの例＞

・**犬が怖いから。**

・**犬に追いかけられたくないから。**

②先生が来た

太一くんが廊下でボールを投げていると、先生がやってきました。太一くんはあわててボールを投げるのをやめました。太一くんは、どうしてボールを投げるのをやめたのでしょうか？

＜答えの例＞

・**先生に叱られると思ったから。**

・**ボールを投げてはいけないと注意されると思ったから。**

③信号機とおまわりさん

大人の人が、道路を渡ろうとしています。赤信号なのに、渡ろうとし始めました。しかし、おまわりさんがやってきたので、渡るのをやめました。どうして大人の人は、渡るのをやめたのでしょうか？

＜答えの例＞

・**おまわりさんに注意されると思ったから。**

・**おまわりさんに叱られると思ったから。**

Chapter

3

ソーシャルスキルを学ぶ
ゲームあそび

ソーシャルスキルを身につけるためのあそびです。
ゲームを通して実際に行動してみることで、
スキルを身につけることのよさを
体感させていきます。

目線を合わせるあそび①

こっち向いてハイ

背景となる困難 教師のほうを見るのが難しい

ねらい 他人と目が合わない子どもがいます。あそびの中で、アイコンタクトをとる経験をさせて、目が合うきっかけをつくります。

❶アイコンタクトをとる

先生が顔を下げて、「こっち向いて」と言いながら顔を上げます。
このとき、目が合ったら「はい！」と言いながら手を挙げましょう。
こっち向いて。はい！

わ～、合った～！　はい！

こっち向いて

❷難易度を高くする

かなり慣れてきましたね。
では、先生は顔を下げずに、目だけ動かしますね。
目が合ったら、「はい！」と言いながら手を挙げましょう。
こっち向いて。はい！

はい！

ADVICE!　・顔を下げる代わりに、「いないいないばあ」をするようにして、顔を手で隠すようにするのもいいでしょう。

目線を合わせるあそび②

先生が見ているものは？

背景となる困難 教師の動きを見るのが難しい

ねらい 教師の顔や動きを見ようとしない子どもがいます。教師の目線に注目させることにより、「しっかり見ること」を意識付けます。

❶教師の視線に注目する

黒板には4枚の絵が貼られています。先生が今から、どれかの絵を見ます。
先生が、どの絵を見ているのかを当てましょう。
分かった人は、先生のメガホンのところに言いにきてくださいね。

どこを見ているのかな……？

どの絵を見ているのかを当てましょう

❷教師が見ているものを当てる

分かった。キツネ！

正解です。席に戻って待ちましょう。
（活動後）では、みんなで正解を言いましょう。さん、はい。

キツネ！

よく見ていましたね。
では、第2問です。

分かった。キツネ！
正解です

ADVICE!
・難しい場合は、黒板に貼る絵と絵の距離を広げます。そうすると、教師の見ているところが分かりやすくなります。
・動物以外でも、虫やキャラクター、植物など、子どもが好む対象で行うといいでしょう。

本当の意味を想像するあそび①

43 感情想像クイズ
背景となる困難 共感や想像ができない

ねらい 人の感情に気付くことが難しい子どもには、クイズ形式にして想像させることが有効です。様々な答えを出す中で、想像する練習を重ねます。

❶クイズを出題する

クイズです。啓太さんが家に帰ると、お母さんが大きな声で「啓太、こっちに来て座りなさい！」と言いました。啓太さんは、「どうしよう……」と思いました。
なぜ、啓太さんは「どうしよう……」と思ったのでしょうか？

怒られると思ったから？

❷正解を伝える

イタズラが
バレたと思ったのかな？

正解は、「怒られるかもしれないと思ったから」です。
もしかすると、イタズラをしたのかもしれないね。
鈴木くんも正解です。よく考えましたね。

イタズラがバレたと思ったのかな？

正解は、「怒られるかもしれないと思ったから」です

ADVICE! ・感情想像クイズの問題例は、COLUMN 2（p.80）に掲載しています。

本当の意味を想像するあそび②

冗談クイズ

背景となる困難 冗談が伝わらない

ねらい 冗談で伝えている言葉を理解できない子どもがいます。クイズ形式にすることで、相手が何を伝えたいのかを考えさせます。

❶クイズを出題する

　冗談クイズです。ある先生が、「この問題は大学教授でも解けないぞ！」と言いました。さて、その言葉の本当の意味は何でしょう？

　大学教授は頭が悪いってこと？

　違います。

❷クイズの解答を言う

　大学教授でも解けないくらい難しいってことじゃない？

　正解です！　第2問！
（活動後）人の言葉には、相手を楽しませるための冗談があります。
「この言葉の本当の意味は何かな？」と考えてみるといいですね。

ADVICE！
- 冗談クイズの問題例は、COLUMN 3（p.102）に掲載しています。
- 一度に全問出題するのではなく、スキマ時間のお楽しみの感覚で出すようにするといいでしょう。

本当の意味を想像するあそび③

ジェスチャークイズ
背景となる困難 動きの意味が分からない

ねらい 体の動きやジェスチャーから感情を読みとることが難しい子どもがいます。クイズ形式にすることで、相手の気持ちを読みとれるようにします。

❶クイズを出題する

ジェスチャークイズです。次の場面で、相手が言いたいことは何なのかを当てましょう。
第1問。今日の給食がゴボウサラダだと知って、「あ〜あ」とうなだれた子がいました。
その子の言いたいことは、何でしょう？

ゴボウサラダが食べたいってこと？

違います。

❷クイズの解答を言う

ゴボウサラダがいやだった。

正解です！ 第2問！
（活動後）このように、人は言葉だけではなく、動きで何かを伝えることがあります。人の動きから考えるようにしましょうね。

ADVICE！
・ジェスチャークイズの問題例は、COLUMN4（p.124）に掲載しています。
・クイズを読み上げながら、実際に教師が動作をして見せるようにします。

本当の意味を想像するあそび④

46 感情当てっこ
背景となる困難 ボディランゲージができない

ねらい 言葉によらない表現方法を苦手とする子どもがいます。ボディランゲージや表情がどのようなメッセージをあたえているかに気付かせます。

❶教師のボディランゲージを読みとる

人の感情は、たくさんありますよね。ここに、感情を書いた紙があります。
(一通り読み上げる) 先生がそれを引いて表現してみせるので、みなさんはその感情がどれなのかを当ててください。(カードを引く) クスン……。

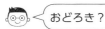 おどろき？　 違います。

 悲しい？　 正解！

❷ボディランゲージを表現する

では、みなさんにもやってもらいましょう。やりたい人？ (挙手・指名)

 わ〜い！　わ〜い！

 うれしい？　 正解！

(活動後) 人の感情は、いろいろとありますが、それらは人の顔や、動きを見れば読みとることができますね。

ADVICE!　・カードに書く感情は、「悲しい」「楽しい」「うれしい」「おどろき」「怒り」「不安」「たいくつ」などがいいでしょう。

自己コントロールするあそび①

47 袋に捨てよう

背景となる困難 怒りを発散できない

ねらい いやな気持ちになったときに、すぐに切り替えられない子どもがいます。自分の気持ちを発散させるようにして、気持ちの切り替えを促します。

❶感情を書いたビニール袋を用意する

今、イライラしているんですね。袋を用意しましたよ。イライラする気持ちや、よくない言葉は、この中に吐き出してしまいましょう。

ドッジボールで負けて、腹が立つぞー！

イライラ

❷ビニール袋に自分の気持ちを叫ぶ

ドッジボールで負けて、腹が立つぞー！

負けてイライラしていたのを、我慢していたのですね。いやな気持ちは、袋に閉じこめて捨ててしまいましょうね。

うん。

今、どんな気持ちかな？

ちょっとだけ、スッキリした。

どんな気持ちかな？

ちょっとだけ、スッキリした

イライラ

ADVICE! ・袋には油性ペンで「イライラ」「シクシク」や「腹が立つ気持ち」「悲しい気持ち」など、子どもに伝わる言葉を書き入れるようにします。

自己コントロールするあそび②

48 呼吸くらべ
背景となる困難 興奮してすぐに怒る

ねらい 感情が高ぶる子どもは、呼吸が浅くなっていることがあります。呼吸を比較させることで、呼吸の効果について気付かせ、自己コントロールへと結びつけていきます。

❶教師の手の動きに合わせて勢いよく呼吸をする

深呼吸するあそびをします。先生が手を上げている間は、息を吸います。手を下げている間は、息を吐きます。まずは、勢いよくやってみましょう。
スー（手を上げる）、ハー（手を下げる）、スー（手を上げる）、ハー（手を下げる）。

スー、ハー！

やってみて、どう感じますか？

ドキドキしてきた。

スー……

❷ゆっくりと深呼吸して違いを確かめる

今度は、ゆっくりと呼吸してみましょう。
スー……（手を上げる）、ハー……（手を下げる）。

スー……、ハー……。

（活動後）こうして深呼吸すると、気持ちがちょっと楽になりますよね。
心が落ち着かないときは、ゆっくりと深呼吸するようにしてみましょう。

ハー……

ADVICE!
・このワークで呼吸に意識を向けられるようになると、子どもが興奮していたり落ち着かない場面でも、「ゆっくり呼吸してみよう」という声かけで落ち着くようになります。

Chapter 3 ソーシャルスキルを学ぶゲームあそび

会話するあそび①

49 お手玉会話

背景となる困難 一方的に話してしまう

ねらい 自分が興味をもった話ばかりをずっと続けてしまう子どもがいます。会話は、相手と同じくらいの分量にすることを体験的に学ばせていきます。

❶お手玉を渡すあそびをする

お手玉あそびをしましょう。輪になって立ち、1つのお手玉を軽く投げるようにして、ゆっくりと次の人へ渡していきます。
だいたい、みんなが同じくらいの回数でお手玉に触れるようにしましょう。
まだ触れていない人がいるのに気付いたら、その人に渡してあげましょう。

❷お手玉を渡しながら会話する

今度は、好きな食べ物の話をしながらお手玉を渡します。「僕の(私の)好きな食べ物は、○○です」と言ったら、次の人に渡しましょう。

私の好きな食べ物は、ウナギです。

僕の好きな食べ物は、サラダです。

(活動後) 人との会話は、このお手玉と同じようなものです。
話をするときにも、今のように、みんなが同じくらいに話ができるように考えるといいですね。

私の好きな食べ物は、ウナギです

ADVICE!
・集団での活動が難しいようであれば、教師と子ども1対1で行います。
・発展形として、話し合いのテーマを決めて、自然な会話の中でお手玉を渡すようにする方法があります。

会話するあそび②

50 相槌手拍子

背景となる困難 相槌がうてない

ねらい 相手の話に対して興味を示さないことがあります。相槌をうつ方法を学ぶことで、円滑に話ができるように促します。

❶話の途切れたタイミングで手をたたく

先生が、今からお話をします。
先生のお話が止まったと思ったら、
手拍子をします。
では、始めます。昨日の出来事です。

パン！

昨日の
出来事です

❷手拍子のタイミングで相槌をうつ

(活動後) 今度は、手拍子をするところで、相槌をうちましょう。
「ふ〜ん」「へ〜」「そう」「なるほど」「すごい」「うわ〜」など、短い言葉を言います。では、始めます。昨日、先生は買い物に行きました。

へ〜。

おいしいシュークリームを買ったのですが、冷蔵庫が開けっ放しになってしまって、くさってしまいました。

ええっ！

(活動後) とても上手にできましたね。
今のように、話が途切れたタイミングで相槌をうつと、相手が気持ちよく話をすることができますよ。

ADVICE!
・長すぎる言葉を言う場合には、「相槌の言葉が長すぎると、話し手にさえぎられたように感じさせてしまいますよ」と注意を促します。

Chapter 3 ソーシャルスキルを学ぶゲームあそび 91

会話するあそび③

51 いいね〜！
背景となる困難 話をするのが難しい

ねらい 他者の意見を否定してしまう子どもがいます。肯定的なメッセージを繰り返すことで、他者の意見を受け止める態度を身につけます。

❶ほかの人の意見を認める

今日は、「いいね〜！」というあそびをします。
校長先生になって、新しい決まりをつくるあそびです。どんな決まりをつくればいいのか、自由に考えてみましょう。ただし、危ない決まりや下品な決まりはダメです。まわりの人は、出てきた意見に対して「いいね〜！」と言ってください。「いいね〜！」以外の言葉を言ったらアウトです。

私が校長先生になったら、学校へゲームを持ってきてもいいことにします。

いいね〜！

❷否定するとアウトになる

僕が校長先生になったら、1年中プールの授業をやります。

でも、冬は寒いんじゃ……。

アウト！（活動後）そこまで。人の意見を気持ちよく受け止めることができましたね。

ADVICE！
・2〜3周子どもたちに回ったところで止めて、次のテーマにします。テーマ例は、「もしも総理大臣なら、どんな法律をつくるか？」「もしも空が飛べたら、どこへ行きたいか？」「もしも願いが1つ叶うなら、何を願うか？」など。

人とコミュニケーションをとるあそび①

52 パーソナルスペース

背景となる困難 距離が近すぎる

ねらい 人との身体的な距離感は、人の行動を見て、感覚で身につけるものです。見て学ぶことができない場合は、SSTで感覚をつかみます。

❶近づきすぎている様子を見る

自分は大丈夫だと思っていても、近づきすぎることによって相手にいやな思いをさせているかもしれません。
今日は、近づいてもいい距離を考えてみましょう。先生が少しずつ近づいていきます。
「ちょっといやだな」と思える距離で、ストップと言いましょう。

ストップ！

ストップ！

❷距離感を捉える

なるほど、このあたりなのですね。
目印は、何かないかな？

お互いに腕を伸ばして当たらないくらいかな。

友だちや先生との距離は、45〜120cmくらいがちょうどいいとされています。
ちょうどいい距離よりも、あまり近づきすぎないように気を付けましょうね。

お互いに腕を伸ばして当たらないくらいかな

ADVICE！
・幼い頃のように、人に抱きついたり、人の体にさわりにいったりすることもよくないことであるという点も、併せて教えるようにしましょう。

人とコミュニケーションをとるあそび②

53 みんなでお絵かき

背景となる困難 友だちと協力することができない

ねらい みんなで協力することに抵抗感を抱く子どもがいます。1人1本のクレヨンを持つことで、協力せざるをえない環境をつくります。

❶ 1人1本のクレヨンを持つ

1人1本だけ、クレヨンを持ちましょう。その色を使って、みんなでお絵かきをします。

僕は赤色にしよう！

私は緑！

❷ 友だちと色を重ねる相談をする

では、模造紙にお絵かきをしましょう。どんな絵を描いてもかまいません。

僕の色とくっつけて、トマトの絵にしてみようよ！

いいね！

（活動後）
わ〜、とてもきれいですね！みんなで協力すれば、よりすばらしい絵ができあがるのですね！

ADVICE！ ・友だちの色と重ねようとするなど、相談する姿を取り上げてほめるようにします。

礼儀やマナーを身につけるあそび①

54 ありがとう勝負

背景となる困難 感謝の気持ちが伝えられない

ねらい 親切にされても、「ありがとう」と言うことができない子どもがいます。お礼を言う習慣が身につくよう、何回も感謝を伝えるあそびをします。

❶ 「ありがとう」を言うタイミングを知る

人に親切にされたら、「ありがとう」というのがマナーですよね。
今日は、「ありがとう」を言うあそびをしましょう。この授業の終わりまで、人に「ありがとう」と伝えた回数をかぞえます。多く言えた人が優勝です。田中さん、さっきは荷物を運んでくれてありがとう！

えっ！

荷物を運んでくれてありがとう！

えっ！

❷ 「ありがとう」を繰り返し練習する

では、授業をやりますね。プリントをどうぞ。

ありがとうございます！

（活動後）言えた回数を言いましょう。

32回でした！

先生は24回でした。
やってみて、どう思いましたか？

ちょっとうれしかった！

プリントをどうぞ

ありがとうございます！

ADVICE! ・その後、「今日のプリントです。どうぞ」「荷物を用意しましたよ」など、意図的に「ありがとう」を言いやすいタイミングをつくるようにします。

Chapter 3　ソーシャルスキルを学ぶゲームあそび　95

礼儀やマナーを身につけるあそび②

タイマーガマン
背景となる困難 じっとすることができない

ねらい じっとして動かないことが苦手な子どもに有効な、我慢するトレーニングです。衝動的に動いてしまうことを抑える力を身につけさせていきます。

❶体を止めて待つ

　タイマーを15秒間セットしています。このタイマーが鳴るまでは、じっとします。我慢することができれば、そのあと自由に動いてかまいません。
ただし、我慢できなければ、あそぶことができなくなります。
では、始め！

　……我慢、我慢〜。

❷タイマーが鳴ったら自由にする

　(タイマーがピピッと鳴る)
はい、よく我慢できました！

　わ〜い！（自由に動き回る）

　そこまで。
では、もう１回やってみましょう。
次は30秒に挑戦しましょう。

ADVICE！
・我慢できない場合は、タイマーの画面を見せたり、残り時間を告げたりして体を止めるようにします。

こだわりを緩和するあそび①

56 中断ゲーム

背景となる困難 中断することができない

ねらい 物事へのこだわりが強く、途中でやめたり、変更したりすることが難しい子どもがいます。あそびを中断することに慣れることから、こだわりを緩和します。

❶中断の号令をかける

 今日は「中断ゲーム」をやります。1人に1つ、あそび道具を渡しますので、その道具であそびましょう。途中、「手を止めて」と言われたら、あそぶのをやめます。5秒以内にやめられなければ、アウトになります。
では、あそびを始めましょう。

 ここも抜けそうだな〜。

 手を止めて！

 あと少し……。

 アウト！

❷号令に合わせて手を止める

 では、始めましょう。(しばらくたってから) 手を止めて！

 止めなきゃ。

 セーフ！ すばらしい。
(活動後) ぴったりと中断することができましたね。
授業でも、手を止めないといけないときがあります。今のように、止めることができるといいですね。

ADVICE! ・「手を止めて」のほかに、「ストップ」「やめましょう」などの言葉を指定して実施してみるのもいいでしょう。

Chapter 3 ソーシャルスキルを学ぶゲームあそび　97

こだわりを緩和するあそび②

57 交換ゲーム

背景となる困難 1つの活動に執着してしまう

ねらい 物事へのこだわりが強く、友だちに譲るのが難しい子どもがいます。パズルゲームを交換することで、1つのあそびへのこだわりを緩和します。

❶自分のあそびをする

今日は「交換ゲーム」をやります。
1人に1つ、パズルゲームを渡しますので、そのパズルであそびましょう。途中、「交換します」と合図がかかったら、パズルをほかの人と交換します。交換するとき、文句を言ったり、悲しんだりするとアウトです。
では、パズルを配ります。

わ〜い、パンダのパズルだ！

❷時間がたってから、あそびを交換する

(5〜10分後) 交換します！

えっ……我慢、我慢〜。

僕のパズルと交換しようよ。

(活動後) そこまでにしましょう。なんと、文句を言わずに交換することができました。全員セーフです！

やった〜！

ADVICE!　・1つのパズルが終わった子どもは、次のパズルに取り組みます。簡単なパズルを複数用意しておきましょう。

こだわりを緩和するあそび③

58 怒らないゲーム

背景となる困難 勝ち負けにこだわりすぎる

ねらい あそびの勝ち負けにこだわりすぎて、周囲を困らせてしまう子どもがいます。勝ち負けを否定的に捉えないようにして、怒らずにあそべるようになることを目指します。

❶「怒ったら負け」というルールを伝える

今日は、トランプをやります。ルールは、怒った人が負けです。どちらも怒らなければ、引き分けです。では、ババ抜きを始めましょう。

(活動後) 負けてしまった〜。あああ〜！

怒った人が負けですよ！危ない！

❷我慢したことを肯定的に評価する

おっと、危ない。我慢だ！

セーフ！ では、もう1回やりましょう。
(活動後) 今日は、誰も怒りませんでしたね。どう思いましたか？

怒るのを我慢すると、みんなで楽しく遊べた！

ADVICE! ・できるだけ簡易なルールで、短時間で終わるゲームを選択しましょう。

Chapter 3 ソーシャルスキルを学ぶゲームあそび 99

自己主張するあそび①

59 やめて！
背景となる困難 やめてほしいことが伝えられない

ねらい 自分の思いを伝えられない子どもがいます。「やめて」と伝えられるようになることで、自己主張できるようになるためのきっかけをつくります。

❶不快な出来事に対して「やめて」と言う

ものを取られてしまったときには、どうすればいいでしょうか？　（取ってみせる）

やめて！

このように、取られていやなときには、「やめて」と言います。そうすると、取られたものが返ってきますよ。

やめて！

❷練習をする

その消しゴム、貸してよ。

……やめて。

分かったよ。
……よくできました！

貸してよ
……やめて

ADVICE！
・やりたくないことを誘い、「いや」というあそびにもできます。
・もしも「やめて」が言えない場合は、「やめて」と書いたカードを子どもに持たせて、後ろから別の教師が「やめて」と言います。ほかに教師がいない場合は、子どもでもいいでしょう。

自己主張するあそび②

60 返して！

背景となる困難 返してほしいことが伝えられない

ねらい 「やめて」が言えるようになったら、次のステップとして、「返して」と言えるようにします。重ねて言うことで、自己主張する力を強めていきます。

❶不快な出来事に対して「やめて」と言う

今日は、前回よりももっと難しいですよ。
「やめて」と言った上に、「返して」とまで言わないと、返してくれません。
やってみましょう。
そのぬいぐるみ、貸してくれよ。（ぬいぐるみを奪い取る）

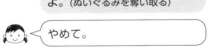
やめて。

❷「返して」まで言う練習をする

かわいいぬいぐるみだな〜。

……。

こうやって言ってごらん。
「返して！」

返して！

仕方ないな〜。（ぬいぐるみを返す）よくできました！

ADVICE！
・自己主張をはじめとして、「悲しみ」や「喜び」など、様々な感情が育つようにしていきます。

COLUMN 3

冗談クイズ

　冗談を冗談として解釈できず、そのまま受け止めてしまう子どもがいます。冗談の意味を考えるには、クイズにして考えさせるのがいいでしょう。子どもたちが喜んで考え答える「冗談クイズ」を紹介します。

①お父さんが家でご飯を食べて、うれしそうに「まるでお店の料理のようだ!」と言った。
　お父さんは、何を伝えたい?　**(ご飯がおいしいこと)**

②校外学習の前日に、先生が「遅刻しそうになったら、飛行機に乗ってきてくださいね」
　と言った。先生は何を伝えたい?　**(絶対に遅刻してはいけないこと)**

③道路工事の横を通った。お姉ちゃんが、「ここを通るときは耳栓が必要だよ」と言っ
　た。お姉ちゃんは、何を伝えたい?　**(工事の音が大きいこと)**

④髪を切って登校した子がいた。その子の友だちが「アイドルの○○ちゃんみたい!」と
　言っていた。何を伝えたい?　**(アイドルみたいにかわいいこと)**

⑤宅配ピザを注文したが、配達が遅れている。おじいちゃんが、「きっとイタリアまで
　チーズを買いに行っているんだな」と言った。何を伝えたい?　**(配達が遅いこと)**

⑥友だちがアイスを食べながら、「このアイスなら、100本くらい食べられるよ!」と言っ
　た。何を伝えたい?　**(100本食べられるくらいにおいしいこと)**

⑦友だちが「習いごとが忙しくて、ぜんぜん寝てないんだ」と言ってきた。でも、話を聞く
　と、6時間くらい寝ている。何を伝えたい?　**(寝る時間が短くなったこと)**

⑧授業中におしゃべりをしている友だちがいた。それを見た先生が「あなたは、ノドにイン
　コを飼っているのかな?」と言った。先生は、何を伝えたい?
　(しゃべりすぎなので、おしゃべりをやめること)

⑨作文の宿題を提出すると、先生が「おもしろい内容だね」と言った。そのわりには、
　笑っていない。先生は、何を伝えたい?　**(興味深い内容であること)**

Chapter
4

ソーシャルスキルを
活用する
ゲームあそび

ゲームあそびには、複数のソーシャルスキルの
活用が求められます。
様々なゲームに取り組む中で、
学んだソーシャルスキルが
活用できるかどうかを
確認しましょう。

教師の指示をよく聞くあそび①

旗揚げゲーム

背景となる困難 教師の指示を聞くことができない

ねらい 教師の指示に従って旗を上げ下げするあそびです。教師の指示をしっかりと聞き、その指示に従って動く練習をします。

❶教師の号令に合わせて旗を上下させる

赤と白の旗を持ちましょう。
先生が、旗を上下させる合図を言います。
合図に合わせて、旗を動かしましょう。ゆっくりとやってみましょう。
赤上げて。赤下げて。白上げて。白下げて。
上手ですね！

うん、簡単だ！

❷難易度を上げる

では、はやくやりますよ。
赤上げて。赤下げて。
白上げないで、赤上げて。

ええっ、難しい！

（活動後）しっかりと先生の言葉を聞くことができていますね。

ADVICE!
・グループ対抗にして、「最後まで残った人のいるチームが優勝」という勝負にするのもいいでしょう。

教師の指示をよく聞くあそび②

紙芝居ダウト

背景となる困難 教師の話に集中することができない

ねらい 教師の指示を聞き、ルールを守って楽しむあそびです。集中して教師の言葉を聞くことにより、指示を聞きとる力を養います。

❶昔話の中の間違いを見つける

 これから、先生が昔話の紙芝居を読みます。もしも間違っている部分があれば、「ダウト」と言ってくださいね。では、話します。はじめの話は、桃太郎です。
むかしむかし、あるところに、おじいさんとおばあさんとおねえさんがいました。

 ダウト！

あるところに、おじいさんとおばあさんとおねえさんがいました

ダウト！

❷間違っている部分を言う

 どこが間違っているかな？

 おねえさんは、いません！

 正解です。
では、続きを読みますよ。

どこが間違っているかな？

おねえさんは、いません！

ADVICE！
・子どもがよく知っているお話や、読み慣れている本で行います。
・一度聞いただけでは分からないようであれば、もう一度読み直すようにします。

教師の指示をよく聞くあそび③

63 後出しジャンケン

背景となる困難 教師のほうを見ることができない

ねらい 教師の動きに注目し、ルールに従ってあそびます。ジャンケンの手に注目することにより、教師の動きに目を向けるようにします。

❶後出しでジャンケンをする

後出しジャンケンをします。先生とアイコになるように出してくださいね。
ジャンケンポンで先生が手を出します。
みなさんは、ジャンケンポンポンのときに出してください。
では、始めましょう。
後出しジャンケンジャンケンポンポン！

う～ん……。

後出しジャンケンジャンケンポンポン！
う～ん……

❷見るところに注意を促す

先生が何を出すのか、
よ～く見ないと分かりませんよ。
後出しジャンケンジャンケンポンポン！

やった～！

後出しジャンケンジャンケンポンポン！
やった～！

ADVICE!
・よく見る合図の「目」のカードを黒板に貼りながら実施しましょう。
・慣れてきたら、「先生に勝つ手を出す」「先生に負ける手を出す」というように設定を変えます。

教師の指示をよく聞くあそび④

64 3つの中から考えよう！

背景となる困難 教師の話を覚えることができない

ねらい 選択肢の言葉を覚えた上でクイズに答え、聞く力を育みます。「覚えながら考える」ことにより、教師の話を聞きとろうとする姿勢をもたせます。

❶3つの選択肢を伝える

今から、3つの言葉を言います。そのあと、クイズを出すので、どれが答えなのかを言ってくださいね。
「ゾウ」「ブタ」「トラ」、鼻が長いのは？

ゾウです！

正解です。よく聞いていますね。

❷条件を聞き、答えを当てる

「山田先生」「田中先生」「佐藤先生」、一番背が高いのは？

佐藤先生です！

惜しいですね。じつは、山田先生の背が一番高いのです。

ADVICE！ ・野菜や子どもの名前、食べ物の名前など、様々なジャンルから出題しましょう。

教師の指示をよく聞くあそび⑤

よく聞くクイズ

背景となる困難 教師の言葉を聞きとることができない

ねらい 話を最後まで聞くことができない子どもがいます。3つのヒントを聞かなければ答えられない問題を出して、聞く習慣を身につけさせます。

❶3つのヒントを聞いて考える

黒板に背中を向けて座りましょう。先生がヒントを言うので、何のことを言っているのかを考えます。答えは、黒板に貼ってある絵のどれかです。3つのヒントが終わったら、黒板を見て、どれのことを言っていたのかを当てましょう。ヒント1。手で握って使います。ヒント2。使うと、カシャンと音が鳴ります。ヒント3。紙をくっつけるのに使います。

❷答えを言う

では、ふりかえりましょう。

え〜っと……。

分かった！　ホッチキス！

正解！　よく聞いていましたね。では、第2問。また後ろを向きましょう。
（活動後）みなさん、しっかりと話を聞いて答えることができていましたよ！

ADVICE! ・外国語の授業で用いるようなイラストを使うといいでしょう。なければ、フリー素材などをプリントアウトして用意します。

名前を呼ぶあそび①

66 ネームコール
背景となる困難 名前を覚えることができない

ねらい 手拍子の後に友だちの名前を呼ぶあそびです。あそびを通して名前を呼び合うことで、同じ場所で過ごすメンバーの名前を覚えていきます。

❶手拍子をしながら友だちの名前を呼ぶ

ネームコールというあそびをします。ルールは、みんなで手拍子をして、1人が友だちの名前を呼びます。呼ばれた人は、拍手の後に、次の人の名前を呼びます。名前を呼べなければアウトです。

パンパン（手拍子）、鈴木くん！

パンパン（手拍子）、山田くん！

❷名前が出なかったら、ネームプレートで確認する

え〜っと……分かんない。

アウト！ 山田くん、ネームプレートでみんなの名前を確認しましょう。
思い出せたら、山田くんからもう1回始めますよ。

ADVICE！　・言葉を出すのが苦手な子どもがいる場合は、ペアで活動に取り組むようにします。

Chapter 4　ソーシャルスキルを活用するゲームあそび　109

名前を呼ぶあそび②

67 風船バレー
背景となる困難 名前を呼ぶ機会がない

ねらい 友だちの名前を呼ぶことなく生活してしまう子どもがいます。あそびの中に名前を入れる条件を設けることで、名前を呼ぶきっかけをつくります。

❶風船を落とさないようにしながらたたく

風船でバレーボールをします。落とさないように気を付けてたたきましょうね。（活動後）今度は、人の名前を呼びながらたたきます。「○○くん！」というように、相手に聞こえるように、大きな声で呼んでたたきましょう。呼ばれた人が、その風船をたたきます。

鈴木くん！

鈴木くん！

❷名前を呼びながら風船をたたく

田中さん！

（活動後）そこまでにしましょう。
今日は、たくさん名前を呼んであそぶことができましたね。
一緒にあそぶときには、相手の名前を呼んで活動するといいですね。

田中さん！

ADVICE！ ・人数が少なくて、場所が確保できるようであれば、バドミントンにすることもできます。バドミントンのラケットを用いてたたきます。

名前を呼ぶあそび③

68 誰のタッチ

背景となる困難 名前を呼ぶ機会がない

ねらい 友だちとあそぶことの楽しさを教えます。友だちの声に集中しながら、友だちの名前と顔を一致させるようにします。

❶ 1人が後ろを向いて立つ

今日は、「誰のタッチ」というあそびをしましょう。
オニの人が、後ろを向いて立ちます。残りの人のうち、1人がオニの後ろに立って、「だ〜れだ？」と言います。その人の名前を当てられたら、オニを交替します。間違えたら、もう1回同じ人がオニです。

だ〜れだ？

だれだろう……？

❷ 後ろに立つ人の名前を当てる

田中さん？

正解！　交替しよう！

(活動後) そこまでにしましょう。みんな、もうしっかりと名前を覚えることができましたね。

ADVICE!
・まったく分からないようであれば、「『た』から始まる人だよ」というようにヒントを出します。

Chapter 4　ソーシャルスキルを活用するゲームあそび　111

会話を楽しむあそび①

69 カードトーク

背景となる困難 友だちとの会話が苦手

ねらい カードを渡しながら質問するあそびです。発言を譲り、他者との会話のリズムを知ることをねらいます。

❶カードを渡しながら質問する

ここに、いくつかのカードがあります。
ジャンケンをして勝った人は、カードに書かれている質問に答えてもらいます。答えが思いつかなければ、ほかのカードを引いてもかまいません。
答え終わったら、「○○さんはどうですか？」と、誰かにカードを渡してください。渡された人は、その質問に答えて、さらに次の人に渡します。

僕の好きな食べ物は、オムライスです。山田くんは、どうですか？

僕の好きな食べ物は、カレーライスです。吉田さんは、どうですか？

❷質問に答える

（思いつかないので、ほかのカードを引く）
……私の好きな動物は、ゾウです。
田中さんは、どうですか？

（活動後）
そこまでにしましょう。上手に質問することができましたね。
人と話すときには、今のように「○○さんはどうですか？」と、ほかの人にもしゃべってもらうようにするといいですよ。

ADVICE！ ・カードに書く質問は、「好きな飲み物」「好きなおやつ」「お気に入りの場所」「得意なこと」「苦手なこと」「失敗したこと」など。

会話を楽しむあそび②

70 インタビュー
背景となる困難 友だちの話を聞くのが難しい

ねらい 友だちとインタビューし合うあそびです。言葉づかいに気を付けて話すことで、他者への適切な質問や応答のやり方を身につけます。

❶2人1組でインタビューする

みなさん、お休みの日は楽しかったですか？ 2人1組になり、インタビューをしてみましょう。先生が一度やってみせるので、見ていてくださいね。
(活動後) では、このようにやってみましょう。

お休みの日は、何をしていましたか？

家で本を読んでいました。

どんな本ですか？

「おへそたんてい」です。

❷インタビューして分かったことを尋ねる

(活動後) では、分かったことを発表してもらいます。

田中さんは「おへそたんてい」の本を読んでいたそうです。おもしろかったそうです。

すばらしい！ 拍手を送りましょう！

ADVICE!
・「好きなあそび」「好きな食べ物」「お気に入りのおもちゃ」など、インタビューの内容を様々に変化させてみるのもいいでしょう。

Chapter 4 ソーシャルスキルを活用するゲームあそび　113

コミュニケーションをとりながら楽しむあそび①

仲間見つけ

背景となる困難 話しかけるのが難しい

ねらい 言葉のやりとりを通して活動するあそびです。友だちが言ったことを聞き、その情報をもとにして自分の仲間を見つけます。

❶背中にカードをぶら下げる

 みんなの背中に、カードをかけます。背中にかけられたカードを見てはいけません。
友だちのカードを見ても、何が描かれているのか教えてはいけません。
ただし、同じグループの人を教えてあげてもいいですよ。
では、始めましょう。

 そのカードは、佐藤さんと同じだよ。

❷同じグループの友だちで集まる

 (活動後) では、カードを見て、同じグループになっているかを確認しましょう。

 同じ虫だから、成功だね。
やった～！

 大成功ですね。
吉田さんは、言葉で上手に伝えることができていましたよ。

ADVICE！ ・話すことが苦手な子どもが多い場合には、「AさんとBさんは同じグループです」というように、話型を決めておくといいでしょう。

コミュニケーションをとりながら楽しむあそび②

72 3ヒントクイズ

背景となる困難 話をするのが難しい

ねらい 3つのヒントを考えるために意見を交換します。考えを押しつけるのではなく、提案する方法を学びます。

❶クイズを考える

今日は、動物の3ヒントクイズをつくりましょう。
動物の特徴で3つのヒントを出してください。ペアで何の動物にするのか、どんなヒントにするのかを考えます。
提案するときには、「〜〜は、どう？」と尋ねてみましょう。

キリンにするのは、どう？

いいね！

❷考えたクイズを伝える

①背が高いです。
②黄色と茶色です。
③首が長いです。
これ、な〜んだ？

キリンです！

正解です。

ADVICE！
・ヒントを考えるのが難しい場合には、教師があらかじめヒントを考えておき、発表する順番を考えさせるようにします。

コミュニケーションをとりながら楽しむあそび③

73 透明キャッチボール

背景となる困難 友だちと交流するのが難しい

ねらい ジェスチャーや動きから表現を読みとるのが難しい子どもがいます。体を用いた表現をもとにして、友だちと交流を深める経験をします。

❶透明のボールを投げる

ここに、透明のボールがあります。
(持ち上げる動きをする)
今日は、このボールでキャッチボールをしましょう。まずは、ゆっくりと投げます。ボールの動きを、目で追いましょう。受け取ったら、誰かに投げてみましょう。

えいっ！

❷ボールの形を変化させる

今度は、大きなバスケットボールです。重いので、気を付けてくださいね。
はい、パス！ 受け取ったら、次の人へ。

パス！

パス！

(活動後)
たくさんパスを回すことができましたね。

ADVICE！
・ボールは、ピンポン玉、ゴルフボール、熱いボールや冷たいボールなど、様々な設定でやってみましょう。

コミュニケーションをとりながら楽しむあそび④

74 かりもの競争
背景となる困難 人からものを借りることができない

ねらい ものを借りるのに躊躇してしまう子どもがいます。あそびの中で様々なものを借りることにより、人にお願いをすることへの抵抗感を減らします。

❶人からものを借りる

　今日は、かりもの競走をします。2人ずつやります。カードが置かれているので、1枚取ります。カードに書かれているものを、教室の誰かに借りましょう。借りたあとに、ゴールできた人が勝ちです。では、用意、ドン！

　(カードを取る)「セロハンテープ」か。

　ねえ、鉛筆貸して。

　どうぞ。

❷貸してくれたことにお礼を言う

　ありがとう。わ〜い、ゴール！

　(活動後) 勝つことができた人、すばらしいですね。
鈴木くんは、借りるときに「ありがとう」が言えていましたよ。前に習ったことが、きちんと身についていますね。

ADVICE!
・借りるものは、子どもが文房具として持っているものにします。
・ゴールは、床にビニールテープを貼って設定してもいいでしょう。

Chapter 4　ソーシャルスキルを活用するゲームあそび　117

コミュニケーションをとりながら楽しむあそび⑤

75 言葉探しゲーム

背景となる困難 人と協力することが難しい

ねらい 人と協力することに抵抗感を覚える子どもがいます。取り組みやすい内容であそびを行い、協力したくなるような雰囲気をつくります。

❶「あ」から始まる言葉を考える

「あ」から始まる言葉を探しましょう。制限時間は3分間です。窓側チーム対廊下側チームで勝負しましょう。1人がホワイトボードに書きます。
用意、始め！

「アリ」があるな。

「アメンボ」も。

❷チームで協力する

「アゲハチョウ」！

お〜、ナイス！

（活動後）そこまで。
17対15で、窓側チームの勝ち！
探している中で、山田くんは「ナイス」と言ってほめていましたね。すばらしい言葉かけだと思いました。

ADVICE！
・次の機会では、「あ」以外の言葉で実施しましょう。
・「ホワイトボードに書く役割」を買って出ることができた子どもも、ほめるようにします。

ルールを守って楽しむあそび①

76 なんでもバスケット

背景となる困難 人と一緒にあそぶことが難しい

ねらい みんなであそぶためには、ルールを理解し、人にものを伝え、負けてもあまり悔しがらないようにする必要があります。多面的なソーシャルスキルを養うあそびです。

❶テーマを告げて席に座る

なんでもバスケットをやります。オニがテーマを言い、当てはまる人が立ち上がって、空いている席に座ります。座れなかった人が、次のオニです。ただし、同じ席に座るのはダメです。

靴下をはいている人。

わ〜！

❷助け合いながら活動する

……。

「朝、パンを食べた人」とかは、どう？

朝、パンを食べた人。

（活動後）さっき、吉田さんは山田くんを助けてあげていましたね。困ったときに、手をさしのべてあげる姿は、さすがだなあと思いました。

ADVICE！
・黙り込んでしまって、何も言うことができない場合は、ほかの子どもに言ってもらうようにします。

Chapter 4　ソーシャルスキルを活用するゲームあそび　119

ルールを守って楽しむあそび②

77 Sケン

背景となる困難 ルールを守って活動するのが難しい

ねらい 集団での競争性の強いあそびです。ルールを理解し、勝ち負けにこだわりすぎず、協力して行う力が求められます。

❶先頭の人がジャンケンをする

ジャンケンであそびましょう。2つのチームに分かれて、先頭の人が道を進みます。2人が出会ったら、そこでジャンケン。負けたら、自分のチームの後ろに戻ります。勝った人は、続けて進みます。そうやって、相手の陣地まで進んだチームが優勝です。ルールを守って楽しみましょう。では、用意、始め！

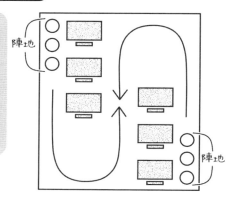

ジャンケンポン！

あ〜、負けた！

❷負けたら後ろに並ぶ

ジャンケンポン！　やった〜！

う〜ん、僕たちの負けだ。

ゴール！　では、もう1ゲームしましょう。
（活動後）勝ち負けにこだわりすぎず、きちんとルールを守って活動することができましたね。

ADVICE！　・最後に陣地に入っているかどうかは、判定が難しいので、必ず教師が「最後、1回ジャンケン！」というように指示します。

ルールを守って楽しむあそび③

78 だるまさんが転んだ

背景となる困難 ルールを守って活動するのが難しい

ねらい 古典的でシンプルなあそびですが、意外とルールは複雑なもの。ルールを守り、他者と協力し、こだわりをもたないことが求められます。

❶オニの言葉に合わせて動く

「だるまさんが転んだ」をします。オニが、「だるまさんが転んだ」と言っている間に、オニに見つからないように移動して、タッチします。動いているのが見つかってしまったら、黒板の前に立ちます。タッチしたら、みんなはオニから離れます。オニは10秒かぞえた後、自分の名前の文字数だけ進んで、ほかの人をタッチします。さわられた人が、次のオニです。では、やってみましょう！

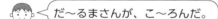

だ〜るまさんが、こ〜ろんだ。

あっ……あともう少しだ。

だ〜るまさんが、こ〜ろんだ！

❷さわられたらオニになる

（自分の名前の文字数だけ歩く）タッチ！

私がオニになった。

（活動後）きちんとルールを守って活動することができたので、みんなで楽しくあそぶことができましたね。

タッチ！

ADVICE！ ・慣れないうちは、オニとして次に何をすればいいか分からないので、教師が横について指示を出します。

Chapter 4 ソーシャルスキルを活用するゲームあそび 121

こだわりを緩和して楽しむあそび①

79 何度でも椅子取りゲーム

背景となる困難 負けることが認められない

ねらい うまくできなかったり、負けてしまったりしても、何度も挑戦できるということを、ゲームを通して学びます。

❶椅子取りゲームをする

椅子取りゲームをします。みんなの人数よりも、2つだけ少なくしてあります。流している音楽が止まったら、椅子に座ります。また音楽が流れたら、立ち上がって椅子のまわりを回ります。
何回もやりますので、座れなくても、次にがんばりましょう。

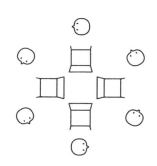

あ〜、座れなかった。
でも、次、がんばるぞ！

❷負けたときに悔しがらなかったことをほめる

ダメだった〜。でも、次こそ座るぞ！

（活動後）そこまでにしましょう。
今日は、誰も悔しくて泣く人がいませんでした。
負けても、きちんと気持ちを切り替えることができていましたね。

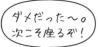

ADVICE！
・複数人の子どもが座れないようになるよう、椅子の数を調整します。
・音楽を止めてから、再び流すまでの間隔を、長くとりすぎないようにします。

こだわりを緩和して楽しむあそび②

何度も爆発！ 爆弾ゲーム
背景となる困難 アウトになることが耐えられない

ねらい 負けたり、不利になったりすると、まわりの人が困ってしまうほど悔しがる子どもがいます。たくさんアウトになるゲームで、こだわりを緩和させることを目指します。

❶ボールをとなりの人に渡す

ボールを爆弾に見立てたゲームをします。
ルールは、ボールをとなりの人に渡していき、音楽が止まったときに、ボールを持っているとアウトになります。
アウトになった数が少ない人が優勝です。では、音楽を流しますよ！

ドキドキするな〜

ドキドキするな〜。

❷音楽が止まったときに持っているとアウト

（音楽が止まる）あっ、止まった！

アウト〜！ では、続けましょう。

（音楽が止まる）ああっ！

（活動後）何回アウトになりましたか？
（確認後）では優勝は田中さんです。みんな、アウトになっても文句を言いませんでしたね。

止まった！

アウト〜！

　・こだわりが強いうちは、アウトになってから音楽を流すまでの時間を、できるだけ短くするようにします。

COLUMN 4

ジェスチャークイズ

　動きや表情など、非言語の部分から相手の思いを読みとることが苦手な子どもがいます。子どもたちが喜んで考え答える「ジェスチャークイズ」を紹介します。教師が動きや表情を演じてみせながら出題しましょう。

①ボウリングで、私がストライクを出せた。すると、お母さんが両手を挙げて近づいてきた。お母さんは、何を伝えたい？　（**「ストライクおめでとう」**）

②学校にゲーム機を持っていくと、先生が「○○さん！」と言って、両手のひらを出してきた。先生は、何を伝えたい？　（**「持ってきたゲーム機を出しなさい」**）

③授業中にふざけていると、先生からジーッと見つめられた。先生は何を伝えたい？
（**「静かにしなさい」**）

④授業中に難しい問題をやっていると、となりの席の子が「あっ」と言いながら両手をたたいた。その子は、何を伝えたい？　（**「分かった」**）

⑤家で、窓の近くでボールあそびをしていると、お母さんが「○○ちゃん」と言いながら、首を横にふっていた。お母さんは、何を伝えたい？　（**「そこであそんではダメ」**）

⑥お姉ちゃんが、試験を終えて帰ってきた。「テストできた？」と尋ねると、下を向きながら手を横にふった。お姉ちゃんは、何を伝えたい？　（**「できなかった」**）

⑦体育の授業で、サッカーの試合で点数を入れると、同じチームの子が手を差し出してきた。その子は、何を伝えたい？　（**「やったね！」**）

⑧休み時間に腕相撲をしていると、相手の子が「よ〜し！」と言いながら腕をブンブン振り回し始めた。その子は、何を伝えたい？　（**「がんばるぞ！」**）

⑨ドッジボールでボールを投げたら、相手に当てることができた。すると、友だちが笑顔で背中をトンとたたいてきた。友だちは、何を伝えたい？　（**「ナイス！」「いいね！」**）

Chapter

5

自己理解や
他者理解を促す
ワークシートあそび

ワークシート形式のあそびで
自分自身の考えをまとめることにより、
ソーシャルスキルの学びを意識化します。
子どもの自己理解や他者理解を
深めさせていきましょう。

＊各あそびの右側のワークシートページを
コピーしてお使いください。

自分の感情に気付くあそび①

怒りの温度計

背景となる困難 自分の感情を把握できない

ねらい 自分の感情のレベルを把握し、それを的確に表現するのは大人にとっても難しいものです。ワークシートの図をもとにして、様々なレベルの怒りなどの感情を認識し、そのレベルを測り、表現する力を身につけさせます。

❶怒りの温度計をつくる

今日は、怒りの温度計をつくります。0が「おだやか」、5が「イライラ」、10が「カンカン」です。それが分かるように色を塗りましょう。

0が「おだやか」、10が「カンカン」です
きれいに塗れたよ！

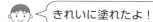
きれいに塗れたよ！

(活動後) 怒りを感じたときに、ここに付箋を貼り付けていきましょう。

❷温度計の横に付箋を貼る

うう……。

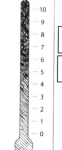
お母さんにおこられた
友だちがすべり台をゆずってくれない
宿題が終わらない
ぼうしが見つからない

今、怒りを感じていますね。10のうち、どのくらい？

……（6を指差す）。

では、怒った出来事を付箋に書いて貼りましょう。

「友だちがすべり台をゆずってくれない」

ADVICE！ ・図の左側を空白にしています。ここには、子どもが興味をもつ内容でたとえを書き込んでいいようにします。例えば、電車が好きな子どもであれば、1が「各駅停車」で10が「新幹線」など。

怒りの温度計

　　　　　　　　　　　　　年　　　組　名前　　　　　　　　　　　

　0から10に進むほど、怒りの気持ちが強くなります。まずは、温度計に好きな色を塗ります。おこることがあったら、ふせんに書いて、はりつけて、どの温度なのか記録しましょう。

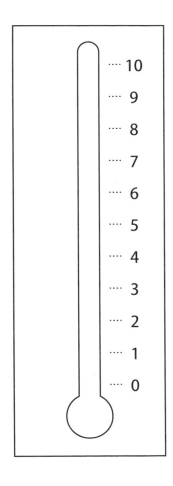

自分の感情に気付くあそび②

82 切りかえインタビュー

背景となる困難 気持ちの切りかえ方が分からない

ねらい 気持ちの切りかえ方法についてインタビューして、様々な方法があることを学びます。その上で、自分に合った切りかえの方法を考えます。

❶身近な人にインタビューする

じつは、どんな人でも、怒ったり、不安になったりすることがあります。
みんな、うまく切りかえをしているのです。
では、どうやって切りかえをしているのか、インタビューをしてみましょう。

山田先生は、気持ちが落ち込んでしまうことは、ありますか？

あ〜、あるね〜。

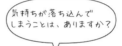
気持ちが落ち込んでしまうことは、ありますか？

あるね〜

❷切りかえ方法を参考にする

どんなときですか？

友だちとケンカしたときかな？

どうやって気持ちの切りかえをしますか？

外に出て深呼吸すると、ちょっとスッキリするよ。

ありがとうございました。

名前	どんなとき	切りかえ方法
山田先生	友だちとケンカしたとき	外に出て深呼吸する

(活動後) インタビューした中で、自分も取り入れられそうな方法をまねしてみましょう。

ADVICE! ・インタビューをする相手には、子どもが行くことをあらかじめ伝えておき、対応してもらうようにします。

切りかえインタビュー

年　　組　名前

イライラしたり、おこったりするときに、どんな切りかえ方法をしているのでしょうか。いろいろな人にインタビューしてみましょう。

名前	どんなとき	切りかえ方法

自分の感情に気付くあそび③

83 私の気持ち
背景となる困難 自分の気持ちが表現できない

ねらい 自分の気持ちを把握できない子どもがいます。自分の気持ちや困ったことを言語化する練習は、行動をふりかえり、気持ちを切りかえる上で重要です。

❶気持ちの色を塗る

ハートに、今の気持ちに合う色を塗りましょう。途中で色を変えてもかまいませんよ。

う～ん。今の気持ちは半分赤で、半分青かな……。

❷色を塗った理由を話す

どうして、半分は青なのかな？

朝、お父さんに「早く準備しなさい！」って怒られて、いやになっちゃったんだ。

そっか。赤のほうは？

もうすぐ誕生日だからワクワクしてる！

うんうん。
(活動後) 困ったことがあったら、いつでも話してね。

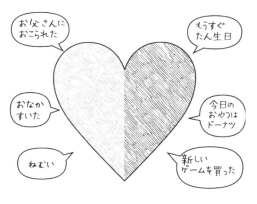

ADVICE！
・書き出すのが苦手な子どもには、教師が丁寧に言語化したり、教師が挙げた選択肢の中から選ばせたりするようにします。

私の気持ち

年　　　組　名前 _____

今の気持ちに合う色をぬります。色をぬれたら、どうしてその色をぬったのか、理由をハートのまわりに書きましょう。

生き方を考えるあそび①

人生曲線

背景となる困難 これから先が想像できない

ねらい 過去をふりかえり、未来を予想しながら、人生曲線を完成させます。見通しをもちにくい子どもにとって、肯定的な視点をもたせられるようにしましょう。

❶過去の人生曲線を書く

あなたは、過去をふりかえると、どんな人生を歩んできましたか？
上がプラスのイメージ、下がマイナスのイメージです。保育所や幼稚園から今までの過去をふりかえってみましょう。そして、この先の中学校まで、これからのことを予想してみましょう。

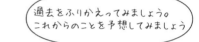
過去をふりかえってみましょう。これからのことを予想してみましょう

1年生は、慣れるまで不安だったな〜。

❷未来の人生曲線を書く

中学校なんて、よく分からないよ。

部活動とかは、考えていないのかな？

バスケットボールがやりたいです。

じゃ〜、楽しみだね！

でも、高校受験はたいへんそうだな〜。

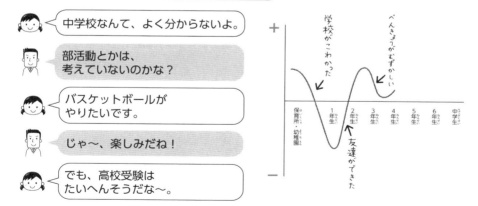

ADVICE！ ・物事をネガティブに捉える子どもには、適さないことがあります。子どもの状況に応じて実施しましょう。

人生曲線

　　　　　　　　　年　　組　名前 _____

これまでをふりかえり、これからを予想して、人生を曲線で表してみましょう。上がプラス、下がマイナスのイメージです。曲線が書けたら、まわりに理由を書きましょう。

保育所・幼稚園　　1年生　　2年生　　3年生　　4年生　　5年生　　6年生　　中学生

自尊感情を高めるあそび①

85 私の自慢帳

背景となる困難 自分のいいところが分からない

ねらい 自分が達成した成果を、大小にかかわらず自分の言葉で書き込みます。自尊心の低い子どもには、自分についての肯定的なことを記録させ、自信を深めていく手法が効果的です。

❶最近のがんばりをほめる

最近、鈴木くんは、準備がずいぶんと早くなりましたね。落ち着いて座って勉強ができるようにもなりました。

えへへ、そうかな。

今日は、「私の自慢帳」を書いてみましょう。どんな小さなことでもいいので、自分の自慢を書き出していきましょう。箇条書きにして、できるだけたくさん書きましょう。

準備がはやい。

自分の自慢を書き出していきましょう

準備がはやい

❷話しながら自慢帳へ記入する

あと、2重とびができるようになったんだよ。

いいですね〜。そうだ、絵もうまいよね!

うん!(書き込む)

この自慢帳は、大切にとっておきましょう。また、思いついたら書き足していきましょうね!

- 準備がはやい
- 2ケタ+2ケタの計算はまちがえない
- 2重とびができる
- 絵がうまい

ADVICE!
- 下の欄には、教師もしくは保護者からメッセージを送ります。
- 5つ書けた子どもは、さらに下の空白部分に自慢を書き加えるようにします。

私の自慢帳

年　　組　名前　＿＿＿＿＿＿＿＿＿＿＿

自分の自慢を書き出します。
どんな小さなことでもいいので、できるだけたくさん書きましょう。

-
-
-
-
-

＿＿＿＿＿＿＿＿ より

自尊感情を高めるあそび②

86 ビフォーアフター

背景となる困難 自尊感情が低い

ねらい 過去の自分と現在の自分を比較して、成長している点を見つけます。なぜ変化したのかを捉えて、自分の成長を実感させます。

❶過去の自分と今の自分を比べる

今日は、過去の自分と今の自分を比べます。
昔に比べて、できるようになったことはありますか？ また、それはなぜできるようになったのでしょうか？ ワークシートに書いてみましょう。

成長なんて、ないよ〜。

忘れ物が少なくなったんじゃない？

❷比べた結果を発表する

では、友だちと書いた内容を見合いましょう。

私は、忘れ物が少なくなりました。メモをこまめにとるようにしたのが、よかったのだと思います。

う〜ん、すごいね！

ADVICE！ ・子どもは、自分自身の成長を実感できていないことがあります。教師は、子どもの成長やがんばりを捉え、活動中に投げかけていくようにします。

ビフォーアフター

年　　　組　名前　_____

過去の自分と今の自分を比べて、できるようになったことを書きます。そのためにがんばったことを矢印の下に書きましょう。

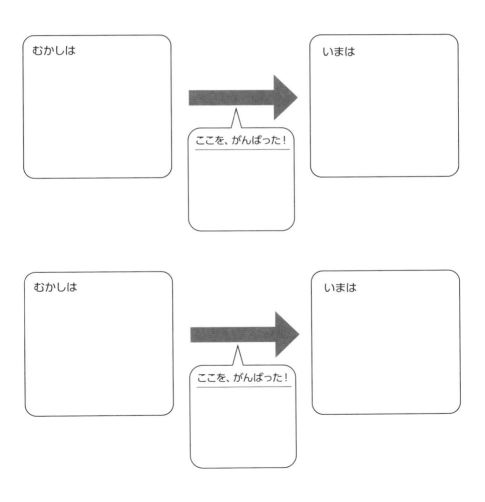

自分自身について考えるあそび①

87 なんでもランキング
背景となる困難 自己開示が苦手

ねらい 自分のことについて話そうとしない子どもがいます。いろいろなテーマについてランキングを表にまとめることで、教師や友だちと交流する機会をつくり出します。

❶ランキングを記入する

なんでもランキングというあそびをします。今日のテーマは、「うれしかったこと」。ワークシートに、うれしかったことを1～3位まで書いてみましょう。

う～ん、思いつかないな～。

昨日、帰ってからうれしかったことはあった？

あ～、おこづかいをもらった。

❷記入したランキングを発表する

では、書いたランキングを発表してみましょう。

僕のランキング1位はキャンプに行ったこと、2位はおこづかいをもらったこと、3位は九九の2の段を言えるようになったことです。

拍手を送りましょう！
質問がある人はいますか？

〈 うれしかったこと　ランキング 〉
1位　キャンプに行った
2位　おこづかいをもらった
3位　九九の2のだんを言えるようになった

キャンプは、どこへ行きましたか？

奈良県の山です。

ADVICE！
・ランキングの内容は、「おいしかったものランキング」「楽しかったことランキング」「やってみたいことランキング」など。

なんでもランキング

年　　組　名前

自分の考えるランキングを１位から３位まで書きましょう。

〈　　　　　　ランキング 〉

1位

2位

3位

〈　　　　　　ランキング 〉

1位

2位

3位

自分自身について考えるあそび②

88 自分キャラクター

背景となる困難 自己理解が不足している

🎯**ねらい** 自分が困っていることを分析して、対応方法を考えます。自己理解を育み、主体的に自分自身の課題に取り組もうとすることを目指します。

❶自分のキャラクターを考える

みんな、それぞれに困っていることがあると思います。今日は、自分の困りをキャラクターに表してみましょう。
例えば、先生はよく忘れ物をしてしまうので、わすれんボウというキャラクターをつくりました。
自分のキャラクターの特徴を、ワークシートにまとめましょう。

私は、片づけが苦手だな。

自分の困りをキャラクターに表してみましょう

私は、片付けが苦手だな

❷キャラクターの特徴を発表する

私のキャラクターは、片づけナインです。特徴は、散らかしてしまうこと。楽しくあそんだあとに現れます。何回も出てくると、部屋がグチャグチャになります。
やっつけ方は、少ないうちに片づけてしまうことです。

とても詳しく
まとめられていますね。

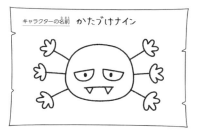
キャラクターの名前　かたづけナイン

どんなとき：楽しくあそんだあと
何をする：部屋をグチャグチャにする
やっつけ方：少ないうちにかたづける

ADVICE！ ・多くの子どもは、自分の困りが何なのかが分かっておらず、言語化が難しいものです。本人が実感できるものから、話し合って決めるようにします。

自分キャラクター

年　　　組　名前 _____

自分の苦手なことをキャラクターにして、とくちょうをまとめましょう。

キャラクターの名前　（　　　　　　　　　　　　　　）

どんなとき：

何をする：

やっつけ方：

自分自身について考えるあそび③

苦手リストと得意リスト

背景となる困難 苦手と得意が分からない

ねらい 発達障害のある子どもには、それぞれ特性があります。苦手なことと得意なことを洗い出すことにより、共通点をまとめ、自身の特性に気付かせるようにします。

❶苦手なことをまとめる

 苦手リストと得意リストに、自分のことをまとめてみましょう。

 僕は、片づけが苦手。あと、ものをよくなくす。授業中にボーっとしていて、怒られることもある。

 まとめると、どうなるかな？

 ややこしいことや興味のないことが苦手。

❷得意なことをまとめる

 得意なことは、サッカー。あとは、絵を描くこともわりと得意。

 好きなことをしている間は、ボーッとしないの？

 しない。

 じゃ～、まとめると、どうなるかな？

 好きなことはすごくがんばれる。

 自分自身について、よく分かりましたね。苦手な部分は、対策を考えよう。得意な部分は、それを活かせるところを考えたいですね。

ADVICE！
- 教師が、その子どもの特性を把握した上で取り組むことが大切です。
- 苦手や得意について3つ以上書ける子どもは、空白部分に書き加えるようにします。

苦手リストと得意リスト

年　　　組　名前 _____

自分の苦手なことと、得意なことを書き出します。そのうえで、まとめるとどんなことが苦手で、どんなことが得意なのかを考えてみましょう。

苦手リスト

-
-
-

まとめると

得意リスト

-
-
-

まとめると

人とのコミュニケーションを考えるあそび①

90 挨拶コレクション 出会ったとき編

背景となる困難 出会ったときの挨拶を使い分けられない

ねらい 挨拶をどんな人にでも同じようにしてしまう子どもがいます。立場や親しさの違いにより、挨拶を使い分けることを学びます。

❶大人への挨拶をまとめる

人と出会ったときの挨拶は、相手が大人か子どもかによって違います。さらに、「親しい大人」か「親しくない大人」、「仲のいい子ども」か「親しくない子ども」によっても違います。出会ったときの挨拶をワークシートにまとめてみましょう。まずは、「親しい大人」と「親しくない大人」から。

親しい大人には、「やあ」「おはよう」って挨拶するよ。

親しくない大人には、「こんにちは」「おはようございます」かな？

❷子どもへの挨拶をまとめる

今度は、「仲のいい子ども」と「親しくない子ども」を考えてみましょう。

仲のいい友だちには、「オッス」とか「おう」「よう」って言うよ。

親しくない子には、「おはよう」かな？

書いたものを見せ合って、より多くの挨拶を集めてみましょう。

親しい大人	親しくない大人
やあ	こんにちは
おはよう	おはようございます
こんにちは	どうも

仲のいい子ども	親しくない子ども
オッス	おはよう
おう	
よう	
やあ	
おっはー	
おはよう	

ADVICE! ・それぞれの項目に当てはまる具体的な人物を想像させると分かりやすくなります。身近な人を例に挙げましょう。

あいさつコレクション（出会ったとき編）

年　　　組　名前 _____

人と出会ったときのあいさつを表にまとめましょう。

親しい大人	親しくない大人

仲のいい子ども	親しくない子ども

人とのコミュニケーションを考えるあそび②

91 挨拶コレクション 別れるとき編
背景となる困難 別れの挨拶を使い分けられない

ねらい 別れるときの挨拶も、立場や親しさの違いによって異なります。表に分類することで、挨拶の仕方を学びます。

❶大人への挨拶をまとめる

人への挨拶は、別れ際も違うものです。
今日は、大人と子ども、親しいか親しくないかで、別れ際の挨拶をまとめてみましょう。まずは、「親しい大人」と「親しくない大人」から。

親しい大人には、「バイバイ」って言うよ。

親しくない大人には、「さようなら」かな？

❷子どもへの挨拶をまとめる

今度は、「仲のいい子ども」と「親しくない子ども」を考えます。

仲のいい友だちには、「バイバイ」だな。

親しくない子には、「じゃあね」かな？

親しい大人	親しくない大人	仲のいい子ども	親しくない子ども
バイバイ	さようなら	バイバイ	また
またね	お気をつけて	また明日	じゃあね
じゃあね	それではまた	またね	
		それじゃ	

ADVICE！ ・実際に人物とシチュエーションを想定して、練習してみるといいでしょう。

あいさつコレクション（別れるとき編）

年　　　組　名前 _____

人と別れるときのあいさつを表にまとめましょう。

親しい大人	親しくない大人

仲のいい子ども	親しくない子ども

人とのコミュニケーションを考えるあそび③

92 声のものさし
背景となる困難 声量を意識できない

ねらい 話をするときには、相手との距離の違いによって、声の大きさを変化させる必要があります。段階を示すことで、適切な大きさの声が出せるようにします。

❶声のものさしの大きさを知る

声のものさしを使って、いろいろな挨拶をしてみましょう。5つの大きさがあります。それぞれ、このくらいの声の大きさです。(例示)
では、それぞれの大きさで「こんにちは」と言ってみましょう。2の声で。

こんにちは。

1の声で。

こんにちは。

❷適切な大きさを考える

(一通り確認してから) 目の前の人と話すときは、どれくらいの大きさがいいのでしょうか？　では、4の声で話してみましょう。あのね〜！

大きすぎるよ。

1にしてみます。昨日ね……。

1だと聞こえにくい。

じゃ〜、2くらいだと、どうかな？

ちょうどいい！

遠くの人と話すときは4で、近くの人とは2くらいがいいのですね。
では、問題を解いて確認してみましょう。

ADVICE！
・声のものさしについて学んだ後には、「今の声は4くらいだよ」というように伝えると、大きさを意識できるようになります。

声のものさし

年　　　組　名前　_____

声には、0から4までの大きさがあります。

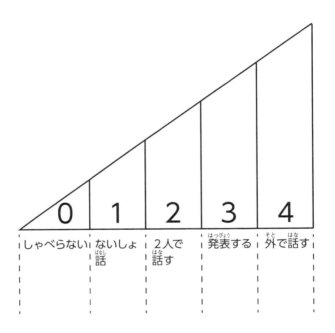

【問題】次のようなときには、どの大きさの声で話すといいでしょうか。
①運動場で、遠くの友だちを呼ぶとき　（　　　）
②電車で、となりの友だちと話すとき　（　　　）
③授業で、みんなの前で発表するとき　（　　　）
④図書館で、友だちに話しかけるとき　（　　　）
⑤バスに1人で乗っているとき　　　　（　　　）

人とのコミュニケーションを考えるあそび④

93 感情の似顔絵
背景となる困難 表情から感情を読みとれない

ねらい 他人の表情に無頓着な子どもがいます。それぞれの感情の表情を把握することで、ほかの人の感情に気付くことができるように促します。

❶人の感情を描く

人の感情はいろいろありますよね。ワークシートに人の顔の輪郭だけが描かれています。顔のパーツを描いて、表情を完成させましょう。

「イライラ」は、目をつりあげるといいかな？

❷描いた表情を見合う

描けた内容を、みんなで見合ってみましょう。

「うれしい」は、もう少し口が上がるんじゃない？

確かに、そうだね。

(活動後) 人の感情の特徴を捉えることができていますね。人の顔を見て、その人がどのような感情を抱いているのか、気付けるようになりたいですね。

 たのしい
 うれしい
 おどろき

かなしい　イライラ　 ドキドキ

 くやしい　つまらない　 はずかしい

ADVICE！
・1つずつ、教師や友だちに表現してもらって、それを見ながら描くようにするとスムーズです。

感情の似顔絵

　　　　　　　　　年　　組　名前 _____

それぞれの感情の表情について考え、顔を描いて完成させましょう。

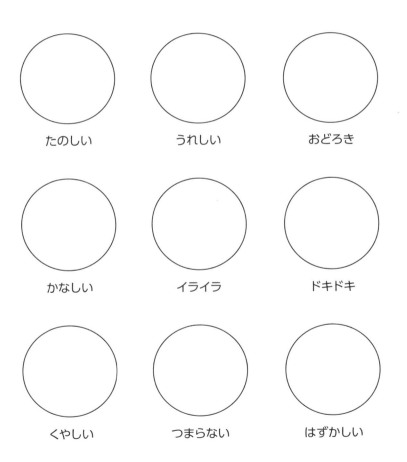

段取りを考えるあそび①

94 スピードスター
背景となる困難 帰りの準備が遅い

ねらい 帰りの準備を時間内に仕上げられない子どもがいます。個人で行う作業的な課題について、数字化することにより、意欲の向上を図ります。

❶ 制限時間内に行動できるようにする

　帰りの準備は、きちんとできているかな？

　面倒くさくて、遅くなっちゃってる。

　昨日は、5分40秒かかっていたよ。スピードスターになろう。目標、何分で片づけようか？

　5分を目指す！

❷ 帰りの準備の時間を計る

　(帰りの準備を後ろから観察する)今日は、4分20秒だったよ。クリア！

　やった～！

　今日は、何をがんばったの？

　教科書をまとめて一緒に入れるようにした。

　すごい！　明日は、4分が切れるといいね。

ADVICE!
- 個別で行う場合、「一言」の欄に教師から励ましの言葉を書き入れます。学級全体で行う場合は、となりの席の友だちに書いてもらいます。
- 学校で困りを感じている子どもは、家庭でも困りがあるものです。例えば、朝の準備に時間がかかるような状況が考えられます。「時間を計る」という学校での手立てを家庭に伝えることで、連携して取り組めるようにします。

スピードスター

年　　　組　名前

活動の速さの記録をつけます。すばやい動きで、めざせスピードスター！

日時	記録	一言
月　　日		
月　　日		
月　　日		
月　　日		
月　　日		

段取りを考えるあそび②

95 やること整理

背景となる困難 朝の準備をやらない

ねらい 登校して、やることを置き去りにしてあそびに出てしまうような子どもがいます。低学年ばかりでなく、高学年でも見られる状況です。手順を視覚化しておきます。

❶朝の活動を表にまとめる

学校に到着してから、朝の準備はできていますか？

やらないで、あそびに出ている……。

朝やることを整理しましょう。まず、やることは何ですか？

まず、ランドセルのものを全部出す。

❷手順を紙に書き出す

それから？

宿題を提出する。ランドセルをしまう。1時間目の準備をする。

ここまでできてから、外へ遊びに出られるということです。
習慣化できるまでは、この表を見ながら朝の準備をしましょう。

ADVICE！ ・表はラミネート加工して教室に保管します。下校時に子どもの机に出して帰らせるようにすると、翌朝、その表を見て準備ができます。

やること整理

年　　　組　名前 _____

行動の手順を整理しましょう。

```
┌─────────────────────────────┐
│                             │
│                             │
└─────────────────────────────┘
              ↓
┌─────────────────────────────┐
│                             │
│                             │
└─────────────────────────────┘
              ↓
┌─────────────────────────────┐
│                             │
│                             │
└─────────────────────────────┘
              ↓
┌─────────────────────────────┐
│                             │
│                             │
└─────────────────────────────┘
              ↓
┌─────────────────────────────┐
│                             │
│                             │
└─────────────────────────────┘
```

意思表示するあそび①

96 ヘルプカード
背景となる困難 助けを求められない

ねらい 困難をもつ子どもは、学校での活動を理解することができず、混乱してしまうことがあります。それにもかかわらず、黙ってじっとしていることがあります。助けを求めたい状況を、カードを用いて意思表示します。

❶カードを作成する

ヘルプカードは、助けてほしいときに、先生に見せます。
そうすると、先生が助けてくれますよ。カードに、色を塗りましょう。

目立つように、明るい色にしておこう。

助けてほしいときに、先生に見せます
明るい色にしておこう

❷授業中にカードを見せる

(授業中)「ヘルプ」。

活動はどこまで進みましたか？

はじめの1問だけ。

……なるほど。
では、次はこのようにやってみましょう。

どこまで進みましたか？

ADVICE! ・カードはラミネート加工して、マグネットで机の側面に貼りつけておくようにするといいでしょう。

ヘルプカード

年　組　名前 _____

助けを求めたいときに使いましょう。色ぬりしたあと、点線で切り取ります。

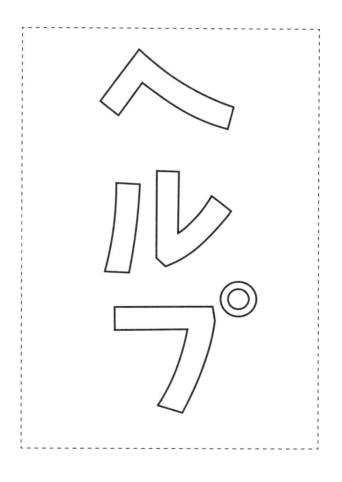

意思表示するあそび②

97 クールダウンカード

背景となる困難 落ち着くことができない

ねらい 学校生活に臨機応変に対応できず、戸惑ったり、不快な思いをしたりする子どもがいます。クールダウンしたい気持ちを、カードを用いて意思表示します。

❶カードを作成する

気持ちが落ち着かず、クールダウンしたいときって、あるんじゃないかな。
気持ちを落ち着かせたいとき、「クールダウン」のカードを担任の先生に見せます。行くところも、あらかじめ担任の先生と決めておきましょう。
ただし、落ち着いたら戻るようにすること。

気持ちを落ち着かせたいとき、担任の先生に見せます

落ち着く水色にしておこう

落ち着く水色にしておこう。

❷授業中にカードを見せる

（授業中）「クールダウン」。

分かりました。落ち着いたら戻ってきましょう。
（戻ってきたら）自分の気持ちを、自分でコントロールできていますね。

落ち着いたら戻ってきましょう

ADVICE！
・クールダウンのために行く場所は、例えば、廊下の椅子や教室の後方スペースなどがあります。

クールダウンカード

年　　組　名前　_____

心を落ち着かせたいときに使いましょう。色ぬりしたあと、点線で切り取ります。

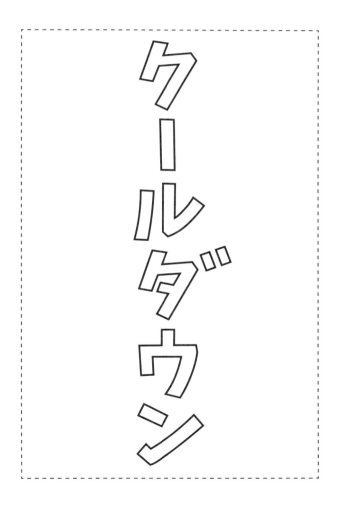

他者との関係を考えるあそび①

プライバシー・サークル
背景となる困難 公私の区別がつけられない

ねらい 社会的に適切な話題や行動を区別することが難しかったり、安全を守れなかったりする子どもがいます。輪の層にまとめて、プライバシーの存在に気付かせます。

❶プライバシーの輪を書く

私たちには、プライバシーというものがあります。プライバシーとは、秘密を守る権利のことです。まず、真ん中に自分を書きます。2つ目の輪には、あなたの親が入ります。その次の輪には、兄弟やおじいちゃん、おばあちゃんですね。

その次は、親戚。その次は、仲のいい友だちかな。

❷話題や行動の適切さについて考える

あなたの住所は、誰にまで教えていいですか？

仲のいい友だちまでかな……。

なるほど。その外側には、教えてはいけないのですね。2人きりで閉められた部屋にいてもいいのは、どこまでですか。（確認後）このように、誰にでもプライバシーの輪があります。話題や行動がふさわしいものかどうかは、この輪のどの部分の人なのかによって判断するようにしましょう。

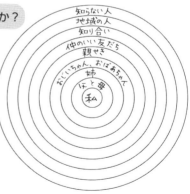

ADVICE！
・また、「体の大事な部分を見せてもいいのはどこまでか？」「自分の病気の話をしてもいいのはどこまでか？」「家の鍵の隠し場所を教えてもいい人はどこまでか？」というようなテーマで考えさせるようにします。

プライバシー・サークル

年　　　組　名前 _____

まん中から、自分に関係のある人を書いていき、プライバシー・サークルを完成させましょう。

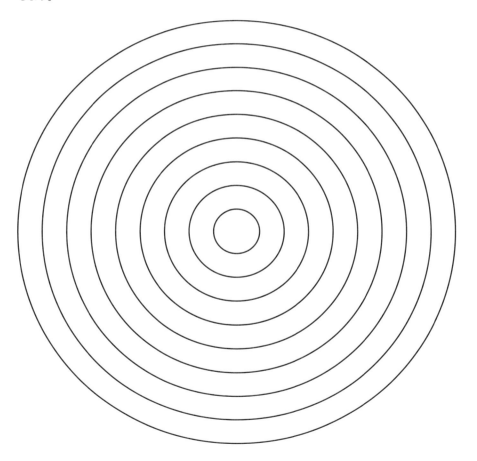

他者との関係を考えるあそび②

ほめ言葉の木
背景となる困難 ほめ言葉が伝えられない

ねらい 人をほめたり、ほめられたりすることに、なじみのない子どもがいます。家族や友人は、尊重されていないと感じてしまいます。適切なほめ方を練習します。

❶ほめ言葉を分類する

相手をほめるときには、4つのポイントがあります。それは、「性格」「できること」「見た目」「その人に関係あるもの」です。例えば、「性格」だと、「やさしい」「気前がいい」などがありますね。(ほかにも例を挙げる)では、それぞれの言葉を集めてみましょう。葉っぱのようにして広げます。

見た目は……「かっこいい」とかかな？

❷木の中の言葉を用いる

では、その木の言葉を実際に会話の中で使ってみましょう。使うことができた言葉には、色を塗りましょう。

持っている消しゴムが、かわいいね！

ありがとう！

(活動後) 誰かをほめることは、会話の始まりになったり、会話の中で話題を変えるきっかけになったりすることがあります。たくさんほめる機会をつくるようにするといいですね。

ADVICE！
・教室内に見えるようにして管理しておき、言葉を用いることができたとき、すぐに色塗りできるようにするといいでしょう。

ほめ言葉の木

年　　　組　名前　　　　　　　　　　

それぞれの枝から、ほめる言葉を葉っぱのようにして広げましょう。

対話を楽しむあそび①

100 ほめられ会話

背景となる困難 会話が単発で終わる

ねらい ほめられたとき、無反応で返してしまう子どもがいます。ほめられたときは、会話を広げる機会です。感謝に一言を加えることで、会話へ続けられるようにします。

❶ほめられたときの返し方を考える

ほめられたときには、「ありがとう」を返すようにします。
さらに、「ありがとう。この○○はね、〜〜」というように、プラスアルファして返せると、話が続くのでさらにいいですね。
今日は、あなたが得意なことをほめられたときの返し方を考えて、ワークシートに書き込みましょう。
(活動後)では、先生がほめるので、書いた言葉を返してみましょう。
田中さんは、将棋がうまいですね。

ありがとう。4歳のときからやっています。

❷ほめられたときの返し方を練習する

誰かに教えてもらったの?

おじいちゃんに教えてもらいました。

(活動後) すばらしい！
ほめてもらったときに一言を返すと、こんな感じで会話が広がりますね。

ADVICE! ・それぞれの子どもがほめられる点は、およそ決まっているものなので、「定番の返し」を習得しておくようにするとスムーズです。書ける子どもには、ワークシートを3枚程度渡して、様々なパターンで会話を広げられるようにしていきます。

ほめられ会話

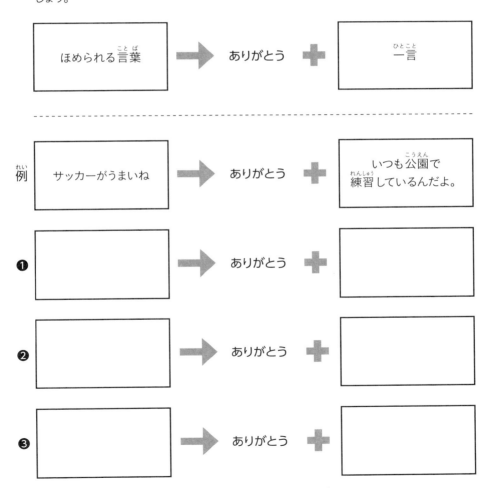

対話を楽しむあそび②

101 SSTすごろく

背景となる困難 自己開示しながらコミュニケーションできない

ねらい 対話の場面を設けても、緊張してしまうと、なかなか話が進みません。すごろく形式にすることで、楽しみながらSSTの学びを活用します。

❶サイコロをふって進む

SSTすごろくをします。サイコロをふって、出た目の数だけ進みます。止まったところに文が書いてあったら、その質問に答えましょう。

ジャンケンポン！ じゃ〜、私から。(サイコロをふる)「好きな動物は？」……犬かな？

❷出た目の質問に答える

(サイコロをふる)「得意なことは？」……飛行機の名前を50種類言えること！

へ〜、すごいね〜！。

(活動後) そこまでにしましょう。今日は、SSTすごろくで、ソーシャルスキルが身についているのを感じられましたね。生活の中にも活かしていきましょう。

ADVICE! ・ゴールした子どもは、もう一度スタートから2周目に挑戦させるようにします。そうすることで、待ち時間をなくします。全員がゴールできたところで終了しましょう。

SSTすごろく

年　　　組　名前 _____

	となりに いる友だち をほめよう。		1マス もどる。	近くにいる 大人から ほめてもら おう。	1回休み
最近うれし かったことは？					わざとじゃない けれど友だちに ぶつかってしま った。どうする？
		おこった顔を してみよう。	友だちのあそび に混ぜて もらいたい。 どうする？	ワープ	
1マス進む。					
得意な ことは？		ワープ			
		部屋にいる人 全員に 「ありがとう」を 伝えよう。	なんだか イライラして きた。 どうする？		
その場で 3回ジャンプ。					
好きな 動物は？				かたづけを するための コツは何？	
スタート	おめでとう!	部屋にいる人 のうち3人の 名前を呼んで みよう。	2マス もどる。		

ゴール

参考文献

・田中和代・岩佐亜紀『高機能自閉症・アスペルガー障害・ADHD・LDの子のSSTの進め方——特別支援教育のためのソーシャルスキルトレーニング（SST）』黎明書房（2008年）
・渡辺弥生『講座サイコセラピー　第11巻　ソーシャル・スキル・トレーニング（SST）』日本文化科学社（1996年）
・腰川一恵・山口麻由美 監修『発達障害の子をサポートする　ソーシャルスキルトレーニング実例集』池田書店（2017年）
・上野一彦 監修『CD-ROM付き　特別支援教育をサポートする　ソーシャルスキルトレーニング（SST）実践教材集』ナツメ社（2014年）
・ジャネット・マカフィー、萩原 拓 監修、古賀祥子 訳『自閉症スペクトラムの青少年のソーシャルスキル実践プログラム——社会的自立に向けた療育・支援ツール』明石書店（2012年）
・西岡有香 編、落合由香・石川聡美・竹林由佳『こんなときどうする?!　友だちと仲よくすごすためのスキルアップワーク——発達障害のある子へのソーシャルスキルトレーニング（SST）』明治図書（2012年）
・田中和代『新装版 発達障害の子どもにも使える　カラー版　小学生のためのSSTカード＋SSTの進め方』黎明書房（2014年）
・海保博之 監修、小杉正太郎 編『朝倉心理学講座19　ストレスと健康の心理学』朝倉書店（2006年）
・NPOフトゥーロ　LD発達相談センターかながわ 編著『あたまと心で考えようSST（ソーシャルスキルトレーニング）ワークシート——自己認知・コミュニケーションスキル編』かもがわ出版（2010年）
・NPOフトゥーロ　LD発達相談センターかながわ 編著『あたまと心で考えようSST（ソーシャルスキルトレーニング）ワークシート——社会的行動編』かもがわ出版（2010年）
・NPOフトゥーロ　LD発達相談センターかながわ 編著『あたまと心で考えようSST（ソーシャルスキルトレーニング）ワークシート——思春期編』かもがわ出版（2012年）

おわりに

　子どもは、1人1人違います。同じ指導をしたとしても、反応はきっと様々にあることでしょう。SSTでは、子どもにふりかえりをさせるようにしますが、教師にもまた、ふりかえりが必要です。

　SSTを行ったら、その活動がどうだったのかをふりかえります。

　ソーシャルスキルは、一度できるようになったとしても、時間がたつと忘れてしまうことがあります。そのような場合には、もう一度そのSSTを実施し、様々な場面を想定してトレーニングを繰り返します。

　また、もしも活動がうまくいかないようであれば、同じ指導を繰り返すのではなく、やり方がその子どもに適しているのかをふりかえりながら、よりよい方法を探します。できなかったときには、どうしたらできるようになるのかを考えながら進めるようにします。

　SSTは、何度も何度も繰り返し学んでいくことが大切です。とはいえ、大切なのは、「完璧にできるようになること」ではありません。自分自身の特性を理解して、まわりと協力し合いながら、自分らしく生きられるようなスタイルを見つけていくことです。完璧ではなく、自分なりに、よりよいかたちで他者と関われるようになれたならば、それでいいのです。

　SSTがうまくいかないとき、教師には焦りが生じてしまいます。しかし、決して声を荒げてはなりません。厳しい指導にしてはいけないのです。

　子どもの自己肯定感を育むことが、SSTの成功につながるわけなので、厳しい指導が加わるようでは、逆効果を生み出してしまいます。教師自身が、自分の気持ちをコントロールする必要があります。ストレスを処理する方法を、あらかじめ身につけておくようにしましょう。

　子どもたちがよりよい人間関係を構築し、自分らしく生きていく力を身につけられるよう、少しずつSSTに取り組んでいきましょう。

　　2024年9月

　　　　　　　　　　　　　　　　　　　　　三好真史

著者紹介

三好真史（みよし しんじ）
1986年大阪府生まれ。
京都大学大学院教育学研究科修士課程修了。堺市立小学校教諭。
児童発達支援士。メンタル心理カウンセラー。
教員サークル「ふくえくぼの会」代表。
著書に『子どもがつながる！ クラスがまとまる！ 学級あそび101』（学陽書房）、『教師の言葉かけ大全』（東洋館出版社）などがある。

特別支援に使える！ 教室でできる！
SST（ソーシャルスキルトレーニング）あそび101

2024年11月5日　初版発行
2025年 5 月13日　3刷発行

著者	三好真史（みよししんじ）
装幀	スタジオダンク
本文デザイン・DTP制作	スタジオトラミーケ
イラスト	榎本はいほ
発行者	光行　明
発行所	株式会社 学陽書房 東京都千代田区飯田橋1-9-3　〒102-0072 営業部　TEL03-3261-1111　FAX03-5211-3300 編集部　TEL03-3261-1112　FAX03-5211-3301 https://www.gakuyo.co.jp/
印刷	加藤文明社
製本	東京美術紙工

©Shinji Miyoshi 2024, Printed in Japan
ISBN978-4-313-65346-7　C0037

乱丁・落丁本は、送料小社負担にてお取り替えいたします。
定価はカバーに表示してあります。

JCOPY ＜出版者著作権管理機構 委託出版物＞
本書の無断複製は著作権法上での例外を除き禁じられています。複製される場合は、そのつど事前に、出版者著作権管理機構（電話03-5244-5088、FAX 03-5244-5089、e-mail: info@jcopy.or.jp）の許諾を得てください。

学陽書房の好評既刊！

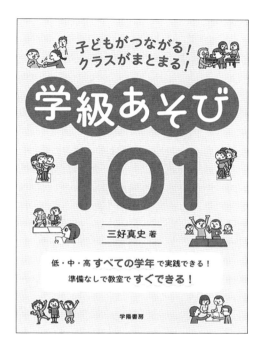

子どもがつながる！　クラスがまとまる！
学級あそび101

三好真史 著

◎ A5判 228頁　定価 2200円（10％税込）

準備なしで気軽に教室ですぐに取り組めるカンタン学級あそび集。子ども1人ひとりの距離を縮めながら、自然なつながりを引き出すコミュニケーションあそびが満載です。すべてのあそびが、低・中・高学年に対応！

学陽書房の好評既刊！

● 「あそび101」シリーズ

学校が大好きになる！
小1プロブレムもスルッと解消！
1年生あそび101

三好真史 著　◎A5判132頁　定価2200円（10％税込）

小学校教育の学級担任の中でも特別と言われる1年生。学校生活に慣れさせながら、友だちとのつながりやルールの習得、また、読み書きや計算などの初歩学習も身につき、気が付くと学校が大好きになっている愉快なあそびが詰まった一冊！

仲よくなれる！
楽しく学べる！
2年生あそび101

三好真史 著　◎A5判128頁　定価1980円（10％税込）

1年生と異なり、友だち関係も学習の変化も大きい2年生の子どもたちが、楽しく教師・友だちと関わったり、勉強に取り組んだりできるような愉快なあそびが詰まった一冊。国語科や算数科のほか、2年生担任が悩みやすい音楽科のあそびも収録！

やる気が育つ！
学びに夢中になる！
3年生あそび101

三好真史 著　◎A5判128ページ　定価2090円（10％税込）

自我が芽生え行動欲も旺盛になる3年生の子どもたちが、友だちと協働したり、関係づくりを深めたりすることができるあそびが詰まった一冊。国語科や算数科のほか、3年生担任が困りがちな理科や社会科の授業でも活用できるあそびも満載！

学陽書房の好評既刊！

● 「あそび101」シリーズ

読み書きが得意になる！
対話力がアップする！
国語あそび101

三好真史 著
◎ A5判140頁　定価2090円（10％税込）

「もっと書きたい」「もっと読みたい」「もっと話し合いたい」……子どもが夢中になって言葉の世界をグングン広げていくことができるあそび集。お馴染みのしりとりや辞書を使ったゲーム、作文ゲーム、話し合いゲームなど、楽しく取り組みながら国語が大好きな子どもを育む一冊です！

「読む」「書く」が育つ！
国語力が楽しくアップ！
漢字あそび101

三好真史 著
◎ A5判152ページ　定価2310円（10％税込）

小学校教育の基盤となる漢字力アップに役立ち、授業の導入をはじめとしたさまざまな場面で活用しやすい全学年対応のあそび集。漢字に親しみ、学び、覚えながら、ペアやグループで活動するもの、ワークシートやタブレットなどを用いながら取り組むものなどバリエーション豊かなアクティビティがいっぱいです！

学陽書房の好評既刊！

● 「あそび101」シリーズ

楽しく数学脳が鍛えられる！
ワークシートで便利！
算数あそび101

三好真史 著 ◎A5判136頁 定価2090円（10％税込）

パズルや迷路、図形や計算あそび……子どもたちが「もっと解いてみたい！」「考えるのって楽しいな！」と夢中になれるあそびが満載！ 算数科の授業導入時のウォーミングアップにはもちろんのこと、授業の振り返り活動など、多様なかたちで楽しめます！

授業にそのまま使える！
スキマ時間に最適！
図工あそび101

三好真史 著 ◎A5判128頁 定価2090円（10％税込）

どのあそびもワークシート形式であるため、準備は本書のページをプリントするだけ。そして、簡単に取り組めるものでありながら、図画工作の基本技法が学べます。子どもが楽しく創造力や表現力を発揮させることのできる「あそび」が詰まった一冊！

運動嫌いの子も楽しめる！
体力アップに効果絶大！
体育あそび101

三好真史 著 ◎A5判132頁 定価2090円（10％税込）

運動嫌いを解消しながら体力アップをはかると同時に、クラスを一つにまとめるコミュニケーション活動や規律づくりにも役立つあそび集！ 体育科の授業ではもちろん、雨の日の教室あそびやクラスイベントでも楽しく取り組めます。

学陽書房の好評既刊！

● 「あそび101」シリーズ

意見が飛び交う！
体験から学べる！
道徳あそび101

三好真史 著 ◎ A5判132頁　定価2090円（10%税込）

「特別の教科 道徳」の授業にそのまま取り入れられて、深い学びと成長が引き出せる「あそび」を精選！ 各あそびのねらいは学習指導要領の項目に対応し、あそびを通して子どもが体験的に学ぶことで、考えを深めながら道徳的成長が育めます！

どの子も好きになる！
楽しみながら話せる！
英語あそび101

三好真史 著 ◎ A5判136頁　定価2090円（10%税込）

英語に関心をもたせながら、子どもも教師も一緒に楽しめて、いつの間にかどんどん話せてしまう効果絶大のあそびが詰まった一冊。お馴染みのジャンケンゲームやカードゲームをはじめ、単語や簡単フレーズを使ったものなどが満載！

パソコンなしで学べる！
思考法が楽しく身につく！
プログラミングあそび101

三好真史 著 ◎ A5判152頁　定価2090円（10%税込）

すべてワークシート形式＆パズル感覚で楽しく取り組みながら、体験的に「プログラミング的思考」を養うことができるあそび集。パソコン不要のため、各教科の授業ではもちろんのこと、特別活動や宿題などさまざまに活用できます！

学陽書房の好評既刊！

体育が苦手な教師でも必ずうまくいく！
マット・鉄棒・跳び箱 指導の教科書

三好真史 著
◎ A5判192頁　定価2200円（10％税込）

小学校体育科指導の最難関とも言われる器械運動は、3ポイントと5ステップを押さえれば必ずうまくいく！　運動がじつは苦手という先生でも不安なく指導できる具体的方法が学べる本書。基本の技はもちろん、安全を確保する補助の仕方、つまずいている子へのアドバイスなどが分かりやすいイラストとともに学べて、どの子からも「できた！」が引き出せます！